Livia

Das Lachen der vernarbten Seele

Impressum

Copyright 2021 by Livia
Layout & Design: MS-Design
Covergestaltung: MS-Design
Lektorat: Melanie Stadelbauer
Verlag & Druck: Tredition, Halenreihe 40-45
                   28445 Hamburg
ISBN Softcover: 978-3-347-31030-8
ISBN Hardcover: 978-3-347-31031-5
ISBN E-Book: 978,3-347-31032-2

Widmung

Für Angelika und Lothar

*Ohne Euch wüsste ich nicht, wo ich
heute stehen würde*

Inhaltsverzeichnis

VORWORT 8

KAPITEL 1 – DIE ENTSCHEIDUNG 10

KAPITEL 2 – IN DER FREMDE...............................22

KAPITEL 3 – DER ERSTE ERFOLG.........................39

KAPITEL 4 – IM KINDERHEIM...............................50

KAPITEL 5 – INTERNAT 57

KAPITEL 6 – AM ZIEL...67

KAPITEL 7 – ZURÜCK NACH HAUSE 88

PERSÖNLICHES SCHLUSSWORT 95

Vorwort

Ein Kind adoptieren zu können ist für viele Menschen ein wahrer Segen. Denn Menschen, die auf natürlichem Wege keine leiblichen Kinder bekommen können, haben so die Möglichkeit, trotzdem noch Eltern sein zu dürfen.
Auch für viele Kinder ist es ein Segen. Anstatt im Waisenhaus oder Kinderheim aufwachsen zu müssen, können sie so Teil einer Familie sein, zu der sie fest dazu gehören.
Liebevolle Eltern, die immer für sie da sind, vielleicht auch Geschwister, mit denen man sich streiten und versöhnen kann. Freunde, eine gute Schulbildung, ordentliche Kleidung und immer ein gesundes Essen auf dem Tisch.
Wenn man traurig ist, ist eine Mama da, die einem tröstend über die Haare streicht und Kakao kocht, damit man sich nach einem langen Tag im Schnee wieder aufwärmen kann.

Eigentlich also eine perfekte Lösung. Sollte man zumindest meinen.

Doch was ist, wenn genau das zum Albtraum wird? Was, wenn die Familie, in die man hineinadoptiert wurde, alles ist, nur nicht liebevoll?
Was, wenn Schläge und seelische Misshandlungen an der Tagesordnung sind?

Dann kann etwas, was eigentlich ein Segen sein sollte, zum größten Horror werden, den man je erlebt hat.

Michaelas Leben war von Geburt an schwierig. Sie ist als erste Tochter eines Arbeiterehepaares in Brasilien geboren worden. Ihre Eltern, einfache Arbeiter mit sehr niedrigem Einkommen, die Mutter krank, konnten sich nicht um sie kümmern. Das Jugendamt hatte den Eltern nahegelegt, ihre Tochter zu Adoption freizugeben.

In Deutschland gibt es viele reiche Ehepaare, die Kinder aus armen Ländern adoptieren möchten und diese Lösung ist dem Ehepaar ideal erschienen. So hat zumindest ihre Tochter eine Chance auf ein gutes Leben. Ein Leben in einem liebevollen Zuhause, mit einer guten Schulbildung und vielen Freunden.

Und so ist es gekommen, dass Michaela in Deutschland aufgewachsen ist.

Ihr Leben allerdings war alles andere als ein Segen für sie. Geprägt vom Missbrauch durch eine überforderte Adoptivmutter macht Michaela sich als erwachsene Frau auf die Suche nach ihren Wurzeln.

Dabei trifft sie auf viele Menschen, die ihren Weg bereichern und je näher sie ihrem Ziel kommt, desto mehr lernt sie jemanden kennen, der ihr bis dahin völlig fremd war: Ihr wahres ICH.

Kapitel 1 – Die Entscheidung

„Uff, war das eine harte Nuss!"
Michaela lässt sich mit einem tiefen Seufzer auf ihr schwarzes Sofa fallen.
Sie war ja darauf gefasst gewesen, dass der Termin beim Jugendamt nicht einfach wird. Aber damit hat sie nicht gerechnet.
„So eine dumme Kuh! Die hat dermaßen versucht, dass alles herunterzuspielen, dass man glatt denken könnte, die hängt da persönlich mit drin. Am liebsten hätte ich der den Kopf sowas von gewaschen. Dieses sinnlose Gesäusel. Glaubt die denn, dass jeder, der nicht studiert hat oder nicht aus Deutschland kommt, doof im Hirn ist? Ist die allen Ernstes wirklich davon überzeugt, dass ich für mein Leben dankbar sein soll?
Die hat sowas von keine Ahnung…!"
„Jetzt mach mal halblang. Du bist ja schon ganz rot vor lauter Wut. So kenn ich dich überhaupt nicht!"
Michaelas Freund Markus setzt sich mit einer Tasse dampfendem Tee neben sie aufs Sofa und schaut seine Freundin mit einem skeptischen Blick an.
„Schau mich nicht so an. Das nervt. Die Frau war wirklich total behämmert!"
„Ok ok", sein Ausdruck wird freundlicher, da er sieht, wie ernst es ihr ist. „Ich kann nur nicht verstehen, warum du dich gar so aufregst. Die Frau war doch gar nicht daran beteiligt. Die Arme ist doch nur der Bote, der die leidige Aufgabe hat, dich dabei zu begleiten, wenn du in deine Akten schaust.

Sie kann selbst gar nicht beteiligt gewesen sein. Dafür ist sie viel zu jung. Die ist höchstens 30 und somit jünger als du es bist! Wahrscheinlich ist sie erst kurze Zeit mit ihrem Studium fertig und wird für solche Aufgaben abgestellt." Er macht eine kurze Pause, um zu überlegen, was er sagen könnte. „Also ja, versuch mal, das Ganze aus einem neutraleren Blickwinkel zu betrachten. Ich weiß nicht, vielleicht kann sie so viel Scheiße schlichtweg selbst nicht verkraften und hat deshalb versucht, das Ganze abzuschwächen?"

„Sie arbeitet beim Jugendamt. Sie sollte das abkönnen und ernst nehmen." Michaela steht auf und schaut nachdenklich aus dem Fenster. Ihr Blick schweift in die Ferne und sie ist so sehr in ihren Gedanken versunken, dass sie nicht bemerkt, dass ihr Freund ebenfalls vom Sofa aufsteht und sich neben sie stellt.

„Scheiße, hast du mich jetzt erschreckt! Warum machst du das immer, hä? Du weißt, dass ich das nicht leiden kann. Lass mich in Ruhe, ich muss nachdenken! Nur für mich allein!", schnauzt Michaela ihn energisch an und verlässt schnaubend das Wohnzimmer.
Rumms. Als die Haustüre ins Schloss fällt, wackeln sogar die Gläser in der Vitrine.
Und weg ist sie.

Kopfschüttelnd geht Markus ins Bad, um zu duschen. Der lange Arbeitstag hat seine Spuren hinterlassen und er möchte eigentlich nur noch ins Bett fallen und sich ausschlafen. Doch wieder mal kommt ihm das Temperament seiner Freundin in die Quere.

Warum kann sie die Vergangenheit nicht endlich ruhen lassen? Ändern lässt sich das sowieso nicht mehr. Ja, sie hatte eine miese Kindheit. Aber was passiert ist, ist nun mal passiert und sie sollte sich eher darauf konzentrieren, das Schöne im Leben zu sehen, statt immer nur in den eigenen alten Wunden zu stochern.

„Es wird Zeit, dass sie endlich lernt, loszulassen.", sagt er gedankenverloren als er wieder aus der Dusche herauskommt.

„Loslassen soll ich? Das sagt sich so einfach. Jeder sagt mir das, ob sie mich kennen oder nicht. Du hast ja ein tolles Leben hinter dir, so mit zwei großen Brüdern und deinen netten Eltern. Dir hat ja niemand die Kindheit gestohlen und dein Leben über deinen Willen hinweg bestimmt. Du wurdest nicht mit vier Jahren aus deiner Heimat in ein völlig fremdes Land verschleppt. Du hattest eine Familie, die dich liebt.

Aber ich? Alles was ich hatte, war ein Teddybär, der mich getröstet hat. Und eine Mutter, die nur deshalb ein Kind adoptiert hat, weil es ihr nicht „gut zu Gesicht" gestanden hätte, als Lehrerin keine Kinder zu haben. Ich hatte keine Kindheit und bis vor kurzem nichts, was man irgendwie ein Leben nennen könnte. Mein Leben ist ein einziger Schrotthaufen.

Das lässt sich nicht so einfach mal eben „loslassen"! Das muss man irgendwie ... ich weiß nicht ... aktiv überwinden oder so, würden die ganzen schlauen Therapeuten sagen. Ich muss irgendwas machen. Kannst du das nicht verstehen?"

„Ist ja schön, dass du wieder zurück bist und dein Leben ändern willst. Aber klopf bitte das nächste Mal an, bevor du einfach ins Bad stürmst. Ich bin dermaßen erschrocken, dass ich mir fast in die Hosen gepinkelt hätte!"

„Dafür müsstest du erstmal welche anhaben!" Michaela schaut ihn an, wie er da mitten in der Bewegung steht, ohne Hose, und ihre Laune ist wieder ein wenig hergestellt. Sie weiß, dass er es nicht böse meint, sondern nur ebenso überfordert ist mit der Geschichte wie andere auch und er kann es einfach nicht richtig nachempfinden. Sie lehnt sich an den Türrahmen.

„Ich mach uns mal was zu Essen. Hast du auch so einen Hunger wie ich? Wie wär's mit Spaghetti Bolognese?" Noch bevor Markus antworten kann, ist Michaela in der Küche verschwunden, um das Essen vorzubereiten.

„Markus, ich hab' eine Entscheidung getroffen.", erklärt Michaela ihrem Freund kurz darauf beim Abendessen.

„Oh je, diesen Blick kenne ich. Der verheißt nix Gutes! Ist es eine Racheaktion? Willst du deine Adoptivmutter im Garten verscharren?"

„Quatsch. Is nix Schlimmes. Ich habe vorhin mit meiner Chefin telefoniert. Ab nächsten Monat bekomme ich acht Wochen unbezahlten Urlaub."

Es klingelt. Michaela steht kurz auf, gibt den Kindern vor der Tür Süßigkeiten dann kommt sie zurück zum Tisch, an dem Markus weiterhin seine Spaghetti im Löffel eindreht.

„Und deinen Urlaub benötigst du für was?", Markus schaut Michaela fragend an.

„Ich muss mich auf die Spuren meiner Vergangenheit machen. Ich muss herausfinden, wo ich herkomme, ob ich noch lebende Verwandte habe. Was mit meinen leiblichen Eltern passiert ist. Ich muss herausfinden, was damals gewesen ist und warum ich überhaupt zur Adoption freigegeben wurde.

Meine biologische Mutter muss ja einen Grund für diese Entscheidung gehabt haben. Denn eine Mutter gibt ihr Kind nicht einfach so weg. Und das gleich nach der Geburt. Irgendetwas muss vorgefallen sein. Etwas, was sie dazu gezwungen hat, mich herzugeben.

Meine Adoptiveltern haben mir immer was davon erzählt, dass sie voll verwahrlost war und dass man mich vor ihr retten musste, du weißt, die Drogen, bla bla. Aber ich glaube, das ist nicht so ganz wahr und jetzt muss ich herausfinden, was es wirklich war."

„Du musst?"

„Ja, Markus. Ich muss. Loslassen, wie du so schön sagst, kann ich erst, wenn ich weiß, was genau ich loslassen muss. Solange ich meine Vergangenheit nicht kenne, kann ich sie nicht gehen lassen. Ich weiß, du hast damit mein Leben bei meiner Adoptivmutter gemeint. Klar, da weiß ich noch alles und damit sollte ich irgendwann abschließen können.

Aber die ersten Jahre, die Gründe, warum ich überhaupt erst zu ihr gekommen bin, die muss ich ebenso kennen, um wirklich ALLES loslassen zu können.

Und ich muss wissen, wer ich eigentlich bin. Wo ich herkomme, wie die Menschen aus meinem alten Leben so sind. Ich will eine Identität."

Markus nimmt sich noch eine Portion von der köstlichen Bolognese..

„Wie willst du das machen?", fragt er. „Du bist hier in Deutschland aufgewachsen. In deinen Akten ist kaum etwas aus deiner Zeit vor der Adoption zu finden gewesen. Du weißt doch nicht einmal, wo genau du geboren bist. Es gibt keine schriftlichen Infos darüber. Du weißt ja nicht mal, ob dein Geburtsdatum überhaupt stimmt. Wie willst du das alles herausbekommen? Und vor allem: WO willst du diese Informationen finden?"

„Ganz einfach: Vor Ort. In Brasilien!"

Michaela sitzt mit einem breiten Grinsen im Gesicht auf ihrem Stuhl und lehnt sich zurück.

„Brasilien??? Ok, also du willst nach Brasilien fliegen. Und wann soll das sein?"

„Am 1. November. Der Flug ist schon gebucht. Ich weiß nicht, wann ich wieder zurückkomme, aber ich habe ja acht Wochen Zeit."

„Ähm, der 1. November ist morgen. Du sitzt hier und erklärst mir allen Ernstes, dass du vor zwei Stunden entschieden hast, morgen nach Brasilien zu fliegen, um dich auf eine völlig unbekannte Mission zu begeben? Hast du schon mal dran gedacht, dass Brasilien jetzt nicht unbedingt das sicherste Land ist? Und so ganz ungefährlich ist das auch nicht. Und dann auch noch ganz alleine, als Frau. Ohne jeglichen Schutz. Und da möchtest du ganz allein unterwegs sein, ohne Begleitung? Bist du dir wirklich im Klaren darüber, was du da machst? Was, wenn du überfallen wirst, oder in der totalen Einöde landest? Du könntest auf Betrüger reinfallen und irgendwo in der Gosse als Leiche verscharrt werden… es gibt Bandenkriege…"

„Jetzt mach mal halblang, du redest immer noch über das Land, aus dem ich komme.

Ich bin eine erwachsene Frau. Ich kann auf mich aufpassen. Außerdem habe ich dort schon einen Kontakt aufgebaut. Ich werde nicht alleine sein. Es gibt eine Anwältin in Brasilien, die sich darauf spezialisiert hat, Menschen wie mir zu helfen, ihre Familien zu finden und herauszubekommen, warum sie nach Deutschland adoptiert wurden. Diese Anwältin sorgt auch dafür, dass ich sicher unterwegs sein kann. Sie hat schon alles organisiert. Ich habe dort bei ihr ein Zimmer, bekomme ein Auto und sie weiß ganz genau, wo wir mit der Suche anfangen müssen. Die Frau hat Erfahrung. Das geht schon alles gut, glaub mir!"

„Ok, das lässt sich nicht in zwei Stunden organisieren. Wie lange denkst du schon darüber nach? Das war alles geplant, oder? Du wusstest schon länger, dass du nach deinem Termin beim Jugendamt nach Brasilien fliegen wirst, richtig?"

„Ja, Markus. Das ist alles schon seit langem geplant. Ich habe mit der Anwältin schon seit einem halben Jahr Kontakt. Ich hab viel recherchiert, weil ich irgendwas tun musste.

Bisher hab ich dir nur nichts erzählt, weil ich nicht will, dass du versuchst, mir das auszureden.

Ich muss das machen. Sonst komme ich nie zur Ruhe. Vertrau mir, ich komme zurecht!"

Markus blickt Michaela nachdenklich an. Er kennt seine Freundin und weiß, dass sie sich von niemandem davon abbringen lassen wird.

„Na gut, ich vertraue dir, aber was ist mit Zoey?"

„Mit ihr habe ich auch schon gesprochen. Sie wird bei ihrer Patin bleiben. Von dort aus kann sie zur Schule gehen. Ihr geht es gut. Sie findet das selbst interessant und wird gut versorgt werden."

„Und auch sie hat mir nichts erzählt, obwohl Kinder so schlecht im Geheimnisse behalten sind?", schmunzelt Markus mehr in sich hinein. „Vielleicht kann sie mal Geheimagentin werden."

„Ich glaub eher, sie versteht die Tragweite nicht, für sie ist das nicht so wichtig", meint Michaela dazu. „Aber ja, vielleicht wird sie das irgendwann mal. Ich will ihr nicht die Zukunft verbauen, so wie meine Adoptivmutter …" Sie unterbricht sich selbst, da sie ihren frisch gewonnenen Mut nicht wieder zerstören will.

Nach dem Essen sitzt Markus wieder auf dem Sofa und schaut nachdenklich aus dem Fenster. Die letzten verkleideten Kids bestaunen ihre Tüten und machen sich auf dem Heimweg und auch Zoey kommt von ihrem Streifzug als Werwolf zurück. Markus nimmt sie in den Arm, macht ihr ein Kompliment für ihr Kostüm und schickt sie dann ins Bett, denn auch wilde Werwölfinnen bräuchten ihren Schlaf. Seine Gedanken wandern dabei umher und lassen ihn nicht zur Ruhe kommen.

Brasilien! Das andere Ende der Welt. Ausgerechnet jetzt, wo die Beziehung so gut läuft. Endlich haben sie als Paar zusammengefunden und jetzt will sie für zwei Monate weg? Er kann es nicht fassen und überlegt immer wieder, ob das vielleicht nur eine Strategie von Michaela sein könnte, um ihm indirekt zu erklären, dass sie die Beziehung beenden möchte. Immerhin lässt sie nicht einmal Zoey bei ihm. Klar, Zoeys Patin kennt die Kleine deutlich besser und der Schulweg ist auch kürzer. Aber er hätte sich doch auch um die Kleine kümmern können. Traut sie ihm das etwa nicht zu? Fragen über Fragen. Wie musste es da erst in Michaelas Kopf aussehen.

Michaela schaut von ihrem Buch auf und beobachtet Markus. „Es tut mir leid. Ich weiß, dass ich dich früher einweihen hätte müssen. Aber ich hatte einfach Angst, dass du mir das ausreden würdest. Wolltest du ja irgendwie auch. Da schien es mir klüger, dich vor vollendete Tatsachen zu stellen.
Außerdem möchte ich nicht, dass unsere Beziehung darunter leidet, wenn ich monatelang über kein anderes Thema sprechen kann. Also ich für mich hab natürlich viel darüber nachgedacht und organisiert und so, aber dir wollte ich damit nicht die ganze Zeit in den Ohren hängen. Kannst du das verstehen? Und jetzt haben wir uns gut aneinander gewöhnt. Ich vertraue dir und weiß, dass du noch da sein wirst, wenn ich wieder zurückkomme."

„Kannst du Gedanken lesen?", fragt Markus nachdenklich. „Genau das habe ich gerade gedacht. Beziehungsweise habe ich Angst, dass *du* mich nicht mehr willst, wenn du zurückkommst. Weil du dann mit allem aus deinem Leben abschließt."

Michaela schaut ihrem Freund liebevoll in die Augen, nimmt ihn in den Arm und versichert, dass sich an ihrer Liebe zu ihm durch ihre Reise nichts ändern wird.

„Ganz im Gegenteil, mein Schatz! Ich bin mir sicher, dass ich mich nach meiner Rückkehr noch viel intensiver um unsere Beziehung kümmern kann. Denn dann kann ich mit dem verkorksten Teil meiner Vergangenheit abschließen und habe den Kopf endlich völlig frei für einen Neuanfang. Und zu dem gehörst du definitiv dazu!"

„Und ich wünsche mir für dich, dass du genau das schaffst. Frei sein. Ich bin wohl nur nicht ganz so mutig wie du."

Er gab ihr einen Kuss auf die Stirn. Vielleicht war es doch keine so schlechte Idee.

Der nächste Morgen verläuft fast mechanisch. Die starken Emotionen sind da, doch im Moment wollen Michaela und Markus nur „funktionieren", damit sie nicht so viel über ihre Gefühle nachdenken müssen oder in Tränen ausbrechen. Michaela packt die Koffer von ihr und Markus kümmert sich liebevoll um Zoey, macht Frühstück, wischt ihr die restliche Werwolfschminke aus dem Gesicht und hilft, noch ein paar Spiele für die nächsten Wochen einzupacken. Dann gibt er Michaela einen langen Kuss, wünscht ihr alles Glück der Welt bei ihrer Selbstfindung und geht zur Arbeit. So spontan, dass er sie noch zum Flughafen bringen kann, hatte er leider nicht frei bekommen.

Michaela nimmt Zoey an die Hand und fährt mit ihr zu Zoeys Patin, die die beiden bereits winkend erwartet.

Michaela geht mit ihr noch einmal den Stundenplan aus der Schule durch.

Zoey begreift nicht vollständig, welche Pläne ihre Mutter für die Zeit am Ende der Welt hat. Doch sie ist ein eigenständiges, fröhliches Kind. Sie freut sich auf den Besuch bei der Patin, sieht es als ein Abenteuer. Einmal fest knuddeln, dann ist sie direkt im Haus verschwunden, um die Fische der Patentante im Aquarium zu bestaunen. Der „Nemofisch" hat es ihr besonders angetan ...

Michaela ist ganz erleichtert, dass der Abschied so unkompliziert verläuft. So kann sie ein paar Kräfte einsparen, die sie in den nächsten Tagen sicher benötigen wird.

Sie unterhalten sich kurz, doch Michaela bei dem Gespräch unruhig. Ständig geht sie ihren Plan durch, um sicher zu gehen, dass sie den Flieger nicht verpasst.

„Du hast ja meine Nummer und meine Skype-Adresse, ich melde mich so bald wie möglich", sind ihre letzten Worte, bevor sie wieder ins Auto steigt und losfährt.

Mit dem Shuttlebus geht es später zum Flughafen. Michaela versucht, weiter in ihrem Buch zu lesen, doch sie kann sich nicht auf die Worte vor ihren Augen konzentrieren. Vor ihrem inneren Auge sieht sie unbekannte Gesichter, die ihr eigentlich bekannt vorkommen sollten.

Neben ihr im Bus sitzt eine ältere Dame, mit dunklem, geflochtenem Haar, markanten Augenbrauen und gebräunter Haut. Rein theoretisch könnte das ihre leibliche Mutter sein, die Ähnlichkeit ist sehr groß. Der

Gedanke, keine Ahnung davon zu haben, wie ihre Mutter aussieht, lässt sie erschaudern.

Am Flughafen angekommen herrscht ein reges Treiben. Man könnte meinen, die Menschen freuen sich auf ihren Urlaub, doch die meisten scheinen aus beruflichen Gründen oder aus einem Anliegen wie dem von Michaela unterwegs zu sein. Sie sind gehetzt, hoch konzentriert, ungeduldig. Immerhin läuft alles nach Plan. Sie gibt ihren Koffer auf, passiert die Kontrolle und findet ihren Fensterplatz im Flieger, der pünktlich startet. Nach einem kleinen Snack schließt Michaela die Augen, in der Hoffnung, einfach nur möglichst schnell in Südamerika anzukommen.

Kapitel 2 – In der Fremde

„Nein, Mama. Bitte nicht. Bitte sperr mich nicht wieder in den Keller. Ich habe doch nichts gemacht. Mama! Mama! Nein! Lass mich nicht alleine, bitte. Ich hab Angst!"
Wumms, die Türe kracht ins Schloss. Im Keller ist es dunkel und modrig. Alles riecht nach feuchtem Holz und vergammelten Lebensmitteln.
Michaela verkriecht sich in eine einigermaßen trockene Ecke. Tränen kullern über ihr zartes Kindergesicht, während ihr vom modrigen Geruch des Kellers leicht übel wird.
Wieder einmal wird sie von ihrer Adoptivmutter in diesen Kerker gesteckt. Wieder einmal wird sie gedemütigt und behandelt wie eine Aussätzige. Und das nur, weil sie keinen Hunger mehr hatte und ihr Abendbrot nicht ganz aufessen konnte.

Michaela versucht auf ihre kindliche Art, den seelischen Schmerz und die Kälte auszublenden.
„A linda rosa uvenil, juvenil, juvenil
A linda rosa juvenil, juvenil
Viva alegra em seu lar, em seu lar, em seu lar
Viva alegre em seu lar, em seu lar"
tönt es in ihren Gedanken. Das Kinderlied muss aus ihrer Heimat sein. Die Melodie ist ihr so vertraut. Verstehen kann sie den Text jedoch nicht. Zu sehr ist ihre einstige Muttersprache bereits in den Hintergrund gerückt. Ihre neue Mutter setzt alles daran, dass Michaela vergisst, woher sie kommt. Sie versucht, jegliche Erinnerungen aus ihr heraus zu prügeln. Zur Not eben wortwörtlich.

Immer und immer wieder singt Michaela das Lied. Als sei es ein Zauberspruch, mit dem sie sich aus dem Keller rauswünschen könnte. Dass es nicht funktioniert, macht sie nur noch verzweifelter. Es vergeht eine lange Zeit.

„Hey! Kannst wieder raufkommen! Aber schau bloß, dass du in deinem Zimmer verschwindest. Im Wohnzimmer ist kein Platz für dich!", schreit Michaelas Adoptivmutter in den Keller. Die Tür fliegt quietschend auf. Michaela drückt sich schnell an ihr vorbei und verschwindet gerade noch rechtzeitig in ihrem Zimmer, um der nach ihr fliegenden Tasse auszuweichen. Michaela zuckt zusammen, als die Tasse an der Wand zerschmettert.
„Verrecken lassen sollte ich dich undankbares Stück. Aber dafür hast du zu viel Geld gekostet!"
„Mach doch, dann muss ich dich wenigstens nicht mehr sehen! Überall ist es besser als bei dir. Und im Himmel sowieso!" Michaela rennt so schnell ihre kurzen Beine sie tragen in ihr Zimmer und sperrt mit zittriger Hand die Türe zu. Nur so ist sie einigermaßen vor ihrer immer aggressiver werdenden Mutter geschützt.
Die hämmert von außen an die Zimmertür. „Lass mich rein! Mach die Tür auf, du Stück Dreck! Du weißt, dass Abschließen verboten ist. Glaub mir, wenn ich dich zu fassen krieg, dann Gnade dir Gott!"
Doch Michaela denkt nicht dran. Sie sitzt auf ihrem Bett, ihren Lieblingsteddy eng an sich gedrückt, und starrt die kahlen Wände an… „A linda rosa juvenil, juvenil, juvenil …" Ihre Stimme zittert, als sie versucht, das Geschrei vor der Türe zu übertönen Eine Lampe blinkt über Michaelas Kopf im Kinderzimmer auf.

„Bitte stellen Sie ihre Sitze aufrecht und legen Sie die Gurte an. Wir sind in Brasilien angekommen und werden in Kürze mit dem Landeanflug auf Sao Paulo beginnen. Die Ortszeit ist 19:32 Uhr und die Außentemperatur beträgt 16 Grad. Wir bedanken uns für Ihr Vertrauen und wünschen einen schönen Aufenthalt."

Die freundliche Stimme der Stewardess lässt Michaela schweißgebadet aus dem Schlaf hochschrecken. Sie wiederholt ihren Text auf Englisch und dann auf Portugiesisch.

Schon wieder dieser wiederkehrende Albtraum, flucht Michaela innerlich. Immer wieder kommen die verdammten Erinnerungen an die verhassten Jahre ihrer Kindheit hoch. Wut steigt in ihr auf. Wut auf eine Mutter, die keine Ahnung davon hatte, wie man Kinder erzieht. Wut auf eine Mutter, die nie eine Mutter war. Eine Frau, die nur darauf aus war, sich als angebliche Wohltäterin mit einem adoptierten Kind zu schmücken. Ein Kind aus Brasilien, und dort aus einer der ärmsten Gegenden. Als Retterin wollte sie dastehen und prahlte damit, was sie doch alles auf sich genommen hatte, um diesem armen Würmchen ein Leben in Kinderheimen, geprägt von Hunger und ohne Chance auf eine vernünftige Schulbildung, zu ersparen.

Lehrerin ist sie. Unterrichtet Gymnasiasten. Immer wieder prahlt sie damit, wie sehr sie von ihrer Tochter dafür geliebt wird, dass sie ihr eine Chance auf ein Leben mit ordentlicher Zukunft gibt. Und keiner kapiert, dass sie dabei immer wieder das Blaue vom Himmel herunterlügt.

Bei der Landung ruckelt es. Michaela erwartet, dass es ihr etwas schummrig werden würde, doch das Adrenalin in ihr scheint alle anderen körperlichen Wehwehchen zu unterdrücken.

Michaela ist angespannt. Die Muskeln versteifen sich schmerzhaft.

Sie zwingt sich, aufzustehen und hinter den anderen Passagieren einzureihen. Langsam schiebt sich die Menschenschlange nach vorne. Nur raus aus dem engen Flugzeug.

Das Warten in der Gepäckausgabe scheint unendlich lang. Ein Koffer nach dem anderen rollt auf dem Förderband an ihr vorbei. Warum muss dieses Band so endlos langsam sein?

Silberne schicke Koffer, ausgebeulte Reisetaschen, mit bunten Stickern beklebte Koffer, ein undefinierbares Sperrgepäck - da, endlich! Sie schnappt sich ihren lila Koffer und zieht ihn hinter sich her zum Zoll. Wieder unendliche Minuten des Wartens, zu viele Passagiere wollen gleichzeitig in Brasilien ankommen. Eine deutsche Familie, die für den Urlaub hergekommen ist, streitet sich darüber, wer denn nun die Reisepässe wohin gepackt hat.

Warum sie in Sao Paulo sei, wird Michaela plötzlich von einem grauhaarigen Mann gefragt. Für wie lange? Privat oder geschäftlich? Irgendwelche nicht deklarierten Waren dabei?

Was geht Sie das an, denkt sich Michaela, weiß aber, dass es seine Aufgabe ist, sie das zu fragen.

Der lila Koffer fällt auf, sie muss ihn öffnen. Die Zollbeamten durchwühlen ihre Habseligkeiten. Was wollen die denn da finden? Meinen die wirklich, dass sie dort Drogen oder ähnliches finden können? „Mein Gott, kann das nicht endlich weitergehen. Ich möchte hier nur noch raus!", sagt Michaela genervt und erntet dafür einen strengen Blick der Zollbeamten. Endlich, nach ewiger Warterei und herablassender Behandlung durch die Beamten, eilt Michaela weiter.„Immer diese temperamentvollen Brasilianerinnen", hört sie die Mitarbeiterin am Schalter noch flüstern. Sie will etwas erwidern, doch sie sieht die Drehtür ins Freie. Nichts wie raus hier! Eine frische Brise umweht ihre Nase. Sie atmet tief ein. Wie gut die Luft hier tut. Man kann den nahegelegenen Stausee, von dem ihr alle Reiseführer vorgeschwärmt haben, regelrecht riechen.

„Frau Huber! Frau Huber! Huhuuuu!"
Michaela kann sich ein Grinsen nicht verkneifen, als sie die energische Anwältin entdeckt.
„Hallo Frau De Santos!" Michaela möchte der Anwältin die Hand reichen, doch die winkt lächelnd ab.
„Händeschütteln ist sowas von typisch Deutsch. Komm her, lass dich umarmen!" Und ehe Michaela sich versieht, wird sie von Frau De Santos bereits fest in den Armen gehalten.
„Hab ich dich also doch richtig erkannt. Wie war dein Flug? Wir können uns übrigens gerne duzen. In den nächsten Wochen werden wir viel Zeit miteinander verbringen. Da ist ein „Du" doch viel angenehmer. Oder was meinst du. Äh, meinen Sie?"

„Danke, mein Flug war gut. Lang, aber gut. Und ja, wir können uns gerne duzen. Wie ich heiße, weißt du ja! Wie ist dein Vorname?"

„Ich heiße Maria. Maria José de Santos. Ein typisch brasilianischer Name. Gibt's hier tausendfach. Aber jetzt komm. Mein Wagen steht dort drüben. Wir fahren jetzt erst einmal zu mir nach Hause. Du musst dich ausruhen. Und Hunger hast du bestimmt auch. Das Essen im Flugzeug lässt ja sehr zu wünschen übrig, hab ich Recht? Aber mein Mann kocht superleckeres Essen, das wird dir guttun. Wir werden dich gleich heute in die Welt Brasiliens einführen und dir unser Nationalgericht servieren, eine Feijoada."

Dankbar nimmt Michaela das Angebot an. Sie würde zwar am liebsten direkt mit der Suche nach ihrer Vergangenheit loslegen, aber die Müdigkeit zwingt sie dazu, erst einmal auszuruhen.

Michaela schaut sich neugierig. „Wow, das ist ja so überhaupt nicht typisch brasilianisch. Ich hab irgendwie was anderes erwartet. Keine Ahnung, bunter irgendwie. Aber du hast einen sehr schlichten, eleganten Geschmack."

Sie streift mit der Hand über eine Ablagefläche. Die ist eindeutig staubfreier als bei Michaela zuhause. „Hast du eigentlich Kinder? Es ist so ordentlich und ruhig hier."

Marias Blick wird nachdenklich. „Nein, Kinder habe ich keine. Es hat einfach nie gepasst. Die Kanzlei ist mein Baby. Mein Herzensprojekt. Und alle, die herkommen so wie du, erfahren meine mütterliche Liebe. Also komm, lass uns essen. Es duftet schon ganz lecker."

Das Essen verläuft auffällig schweigend. Viel zu sehr ist Michaela in ihre Gedanken vertieft. Für ein Gespräch mit fast fremden Menschen ist sie nicht in der Stimmung.
„Ich hoffe, ich war nicht zu unhöflich.", sagt sie am Ende. „Aber mir ist einfach nicht nach Reden. Ich würde gerne auf mein Zimmer gehen. Der Flug und der ganze Tag waren lang und anstrengend. Ich bin ziemlich müde."
Die beiden anderen stimmen nickend zu und geben Michael zu verstehen, dass das absolut in Ordnung ist.

Michaela verabschiedet sich und zieht sich in ihr Gästezimmer zurück.
Das Bett ist frisch und gemütlich, es weht eine warme Luft durch ein schmales Fenster, doch an Schlaf ist nicht zu denken. Ihre Gedanken kreisen die ganze Zeit um ihre wahre Mutter. Immer wieder überlegt sie, ob der Schritt richtig war. Hätte sie sich vielleicht doch mehr Zeit nehmen sollen, um diese folgenschwere Entscheidung zu treffen? Hätte sie Markus früher vorwarnen sollen? Er war doch gar nicht darauf vorbereitet, für die nächsten Wochen allein zu sein. Wie es Zoey wohl gerade geht? Michaela überlegt, zu Hause anzurufen, und ist etwas hin und her gerissen. Dass sie gut angekommen ist, weiß Markus, da sie ihm noch am Flughafen eine SMS geschrieben hat. Doch trotz ihrer Müdigkeit entscheidet sich Michaela dazu, zuhause anzurufen und in einem kurzen Videochat per Skype sicherzustellen, dass alles ok ist. Sie könnte ohnehin nicht beruhigt einschlafen, wenn sie die Stimme ihres Freundes nicht noch einmal hören würde.

Sie schreibt Markus an. Durch die Zeitverschiebung ist es in Deutschland vier Stunden später und Zoey ist sicher längst im Tiefschlaf. Doch ihr Freund scheint ebenso wenig schlafen zu können und freut sich über Michaelas Nachricht. Wenige Minuten später steht die Verbindung. „Müde siehst du aus, Süße. Der lange Flug hat dich ziemlich mitgenommen, oder?" Er war schon bei Zoey und der Patin gewesen und hatte sich erkundigt, ob noch irgendetwas fehlt und wie Michaelas Tochter den ersten Tag überstanden hat. Doch Michaelas Freundin aus alten Zeiten hätte nur gelacht und gesagt, dass sich Zoey ganz wunderbar mache. Sie erledigte gerade ihre Hausaufgaben und würde die Reise ihrer Mutter nach wie vor nicht groß in Frage stellen. Sie besucht eben ihre Familie und das heißt, ich darf auch wen aus der Familie besuchen, hätte die Kleine gesagt. Acht Wochen ist zwar lang, aber Brasilien sei ja auch groß, da bräuchte man eben so lang, bis man ankommt und dann wieder zurück ist.

Michaela freut sich über die Unbeschwertheit ihrer Tochter. Eine Unbeschwertheit, die sie in dieser Form nie hatte. Wäre ihre Mutter so lange fort gewesen, hätte es zwei Möglichkeiten gegeben: Sie hätte sich endgültig verlassen gefühlt oder sie hätte die Hoffnung gehabt, dass endlich alles besser wird - mit der ständigen Angst, dass ihre Adoptivmutter doch wieder zurückkommen würde. .

Markus sagt sie davon nichts, sondern nur, wie problemlos der Flug verlief, dass die Zollbeamten aber ganz schön unfreundlich seien. Gut, sie war selbst genervter als sie sein sollte, aber es war eben ein langer, harter Tag voller Unsicherheiten.

Markus beruhigt sie: „So bist du eben. Du weißt, was du willst und lässt dir von niemandem etwas bieten. Das liebe ich an dir."

Bald darauf klappt Michaela ihren Laptop zu und schläft über dem Gedanken an ihre lieben in Deutschland ein.

Am nächsten Morgen klopft es sehr früh an die Türe. „Michaela, aufstehen! Wir müssen uns beeilen, die Behörden öffnen bald und du musst ein paar Formulare unterschreiben, damit wir uns auf die Suche nach deiner Familie machen können. Kommst du?"

„Was? Jetzt schon? Oh man, wie spät ist es denn? Ich bin hundemüde!" Michaela dreht sich noch einmal im Bett um, steckt ihren Kopf unter das Kissen und versucht, sämtliche Geräusche auszublenden. Doch Maria lässt nicht locker. Mit Engelszungen redet sie sanft auf Michaela ein, bis diese endlich aufsteht und sich für den Tag zurecht macht.

„Ich rate dir dazu, dich nicht zu sehr als Touristin zu kleiden. Damit würdest du nur zu sehr anecken. Das kann ziemlich nach hinten losgehen. Hier hast du landestypische Kleidung. Sie müsste dir passen.

Ich gehe jetzt in die Küche und richte das Frühstück her. Komm einfach rüber, wenn du fertig bist." Maria verschwindet so plötzlich, wie sie aufgetaucht ist.

Michaela betrachtet die Kleidung, die Maria ihr in die Hand gedrückt hat. Der Stoff ist sommerlich leicht.

Es stimmt, sie wollte mit ihrem besten Hosenanzug einen möglichst seriösen Eindruck machen, vor allem, wenn es darum geht, an offizielle Papiere heranzukommen. Doch je nachdem, in welchem Stadtteil sie unterwegs war, würde sie damit nur negativ auffallen. Die schlichte, helle Stoffhose und das sportliche Shirt sind eindeutig die bessere Wahl. Es passt wie angegossen und direkt fühlt sich Michaela etwas freier. Kurz fühlt sich alles richtig an, dann schießen ihr zwei Bilder in den Kopf: Eine Adoptivmutter, die sie dafür ausschimpft, ihre gute deutsche Kleidung im Haus zu lassen, und eine leibliche Mutter, die ebenso verächtlich schaut, weil sie nie die Wahl hatte, einen Hosenanzug zu tragen.

„Ich kann es doch nur falsch machen", murmelt Michaela und seufzt. Sie bindet sich einen Zopf, wäscht sich kurz das Gesicht und ihre Hände. Dann geht sie den Geräuschen nach, die Maria beim Tischdecken macht. Die Anwältin tänzelt beschwingt durch ihre Wohnung.
„Wie kann man nur um diese Zeit schon so gut gelaunt sein?", fragt Michaela mehr sich selbst und betritt nachdenklich das Esszimmer.
„Das geht ganz einfach: Man muss nur Maria heißen!", lacht Marias Mann. „In dieser Hinsicht ist sie doch eine recht typische Bewohnerin unsere Stadt. Aber komm, setz dich an den Tisch. Kann ich dir etwas bringen? Kaffee, Tee oder Wasser? Was möchtest du?"
„Kaffee, bitte!" Ehe sich Michaela versieht, steht eine Tasse dampfender Kaffee vor ihr und ein warmes Frühstück wird serviert.

„Ich weiß, dass ist ungewöhnlich für dich. In Deutschland esst ihr Brot zum Frühstück, richtig? Aber versuche es. Das warme Essen gibt dir Kraft für den Tag." Maria lächelt Michaela aufmunternd zu. „Und Obst gibt es auch gleich, ich muss nur noch kurz etwas aufschneiden."

„Was steht denn heute alles auf dem Plan?" Michaela schaut Maria mit neugierigem Blick und vollem Mund an. Normalerweise wäre ihr solch ein Essen um diese Uhrzeit zu deftig, doch heute tut es gut, es gibt Energie.
„Also, als erstes fahren wir heute mit dem Bus zur Botschaft und regeln die Formalitäten. Das ist wichtig.
Du benötigst zwar kein gesondertes Visum mehr, das hast du ja bereits. Jedoch habe ich dafür gesorgt, dass du hier vor Ort in die Adoptionsvermittlungen und auch sonst in fast alle Archive kannst, ohne Ärger zu bekommen. Du hast eine uneingeschränkte Reisefreiheit während der nächsten zwei Monate und hast die Möglichkeit, selbst bei diversen Zeitungsverlagen zu recherchieren. Cool, gell?"
„Äh, und wie hast du das denn bitte schön gemacht?" Michaela wird misstrauisch. „Du hast doch hoffentlich nichts Illegales in die Wege geleitet, oder? Ich will keinen Ärger bekommen oder gar hier in Brasilien in nem Knast verrotten. Oder von irgendwelchen Ureinwohnern gelyncht werden oder so."
„Quatsch! Hey, ich bin Anwältin, vergessen? Mit was Illegalem würde ich meine Arbeitserlaubnis aufs Spiel setzen. Und dann könnte ich nicht mehr helfen. Das riskier ich doch nicht. Nein, du brauchst keine Angst zu haben.

Also, wie gesagt, die erste Behörde, zu der wir fahren, ist die Botschaft. Dort wirst du offiziell als Mitarbeiterin aus meinem deutschen Büro registriert. Was du nämlich noch nicht weißt, ist, dass ich eine kleine Anwaltszeitung betreibe und immer wieder mal „Journalisten" aus meinem deutschen Büro zu mir hierherhole, damit sie für meine Zeitung recherchieren können. Und du bist in den nächsten zwei Monaten eine dieser Journalistinnen. Du bekommst einen Presseausweis, der dir unheimlich viele Türen öffnet. Da das alles von der deutschen Botschaft genehmigt ist, ist das ganz und gar nicht illegal. Mit diesem speziellen Presseausweis hast du aber die volle Erlaubnis zu recherchieren. Wenn du im Nachhinein wirklich einen Bericht über deine Ergebnisse schreiben willst, würde ich mich natürlich auch freuen."

„Das ist eine gute Idee. Ich weiß nicht, wie tief ich genau wühlen will, aber danke dir!"

Sie sitzen noch eine Weile am Frühstückstisch. Maria erzählt von ihrem Alltag in der Anwaltskanzlei. Im Vergleich zu ihren Kollegen sei sie aber oft draußen unterwegs, so wie es jetzt mit Michaela geplant ist. Das mache den Job sehr spannend. Das mit dem Presseausweis habe bisher immer funktioniert und die allermeisten schreiben tatsächlich über ihre Erfahrungen, wodurch wieder alle Kollegen etwas lernen würden.

„Langsam wird's ernst." Michaelas Blick schweift beim Zuhören nachdenklich in die Ferne. Am Balkon fliegt ein Vogel vorbei, sein Krächzen klingt aggressiv.

„Ich weiß, jetzt bin ich hier und muss das auch durchziehen. Aber einfach ist das echt nicht. Mir kommen immer wieder diese Erinnerungen hoch und ich frage mich, ob es wirklich eine gute Idee war, hier her zu kommen und nach meinen Wurzeln zu suchen, wie man so schön sagt.

Auf der einen Seite will ich unbedingt wissen, wo ich herkomme oder warum ich verdammt nochmal nach Deutschland musste. Andererseits habe ich Angst vor dem, was mich in den nächsten Tagen erwartet. Was passiert mit mir, wenn ich plötzlich alles über diese Leute weiß, die mich weggegeben haben? Geht es mir dann wirklich besser? Oder kommen nur wieder die Albträume und die Erinnerungen an meine Adoptivmutter hoch?

Ich stell mir immer wieder die Frage, ob ich überhaupt in der Lage sein werde, meiner leiblichen Mutter mit Respekt zu begegnen, weißt du. Schließlich bin ich wegen ihrer Entscheidung, mich herzugeben, in diesem Albtraum von Deutschland gelandet!"

Michaelas Blick verändert sich, er ähnelt jetzt dem wütenden Krächzen des Vogels. Maria kann die aufgestaute Wut und die Ratlosigkeit regelrecht in Michaelas Augen sehen.

„Wie sicher ist das eigentlich, dass wir überhaupt jemanden aus meiner Familie finden?", fragt sie geistesabwesend.

„Weißt du, sicher ist gar nichts. Aber die Familien leben hier größtenteils sehr beengt. Wenn du einen gefunden hast, findest du den Rest also meistens auch. Leicht wird es nicht unbedingt, mit der Situation umzugehen.

Ob du es schaffst, deiner Mutter mit Respekt zu begegnen, hängt meiner Meinung nach sehr stark von dir ab. Aus meiner Erfahrung mit anderen Frauen, die ihre Familie gesucht haben, kann ich dir sagen, dass jeder ganz anders und auf seine eigene Art damit umgeht. Jede geht auf ihre eigene Weise mit der Sache um und es ist ja auch jede Adoptionsgeschichte ein bisschen anders. Auch wenn es wiederkehrende Muster gibt.

Während die einen bereuen, diesen Schritt gegangen zu sein, ist es für die anderen eine Erleichterung, endlich zu wissen, woher sie kommen.

Ich rate dir, dass du dir noch einige Tage Zeit lässt, bis wir mit den richtigen Recherchen beginnen. Wenn du möchtest, können wir auch zuerst ein paar Tage ans Meer fahren, damit du etwas abschalten und innerlich zur Ruhe kommen kannst. Denn Brasilien unterscheidet sich in vielen Bereichen von Deutschland und dir muss bewusst sein, dass du auch, nun ja, in einen Konflikt mit dir selbst kommen könntest."

„Diesen Konflikt führe ich schon fast mein ganzes Leben lang. Da kommt es jetzt auf die paar Wochen auch nicht mehr an." Michaela lacht hämisch auf, dann schließt sie die Augen, lehnt sich auf dem Küchenstuhl zurück und versucht, sich so gut es möglich ist, zu entspannen. Wie in Trance steigt sie kurz darauf mit Maria in den Bus, um zur Botschaft zu fahren.

Auf dem Heimweg schweift ihr Blick immer wieder zum Fenster hinaus in die Ferne. Wie viele Menschen hier leben, fasziniert sie. In den letzten Jahren hat sie eher ländlich gelebt. Ihre Suche in einer Stadt zu beginnen, ist aber auch eine Erleichterung: Es würden nicht gleich Nachbarn aus ihrem Fenster schauen, die alles über den Neuankömmling aus Deutschland wissen wollten. Es herrscht eine gewisse Anonymität.

Im Büro der Botschaft geht es erfrischend un-emotional zu. Niemand interessiert sich so wirklich für den Grund, warum Michaela hier ist, es ist reine Bürokratie.
„Wenigstens das ist ähnlich wie in Deutschland", bemerkt sie. „Hauptsache, der Papierkram ist erledigt."
„Ich denke, hier stellen sie weniger Fragen als bei dir drüben", entgegnet Maria auf dem Flur, so leise, dass sie keiner der Beamten hören kann.
„Das stimmt. Für mich umso besser, ich habe gerade keinen Nerv dafür, mich zu erklären oder so was."
Michaela wird als vorübergehende Mitarbeiterin der Anwaltszeitung eingetragen und erhält ihren Presseausweis. Der Mann am Schalter wünscht ihr damit einen guten Tag, ohne von seinen Unterlagen aufzusehen. Diese schöne Bürokälte.

Draußen vor der Tür ist es warm. Am Himmel ziehen sich dunkle Wolken zusammen und ehe sie sich versehen, werden Maria und Michaela von einem tropischen Regen überrascht. Sie flüchten in ein Café, wo sie Tee und Gebäck bestellen. Von hier aus können sie dem Regen zusehen und wieder ist Michaela beim Essen sehr schweigsam. Sie fragt sich, ob ihre Familie damals das, was sie jetzt gerade tut, als den absoluten Luxus angesehen hätte. In einem stinknormalen Café zu sitzen und dort etwas so simples wie Tee und Kuchen zu sich zu nehmen. Ihr kommt das so unfassbar selbstverständlich vor und den Menschen um sie herum vermutlich auch. Hier gibt es genug Menschen, die für sich und ihre Kinder sorgen können, ihnen Kuchen kaufen können. Warum konnte ihre Mutter das nicht? Oder waren ihr die Drogen am Ende wichtiger als die eigene Tochter und es war nur ein entweder-oder möglich? Stimmte die Story mit den Drogen überhaupt, die ihre Adoptivmutter immer erzählt hatte? Fragen über Fragen und vor ihr nur prasselnder Regen.

„Es wird schwächer", hört sie neben sich eine freundliche Stimme.

„Entschuldige, ich war…"

„In Gedanken? Ich kann das verstehen, mach dir um mich keine Sorgen. Solche Ausnahmesituationen sind mein Alltag. Ich bin hier nur als deine Stütze."

Als der Regen endlich aufhört, verlassen die beiden zügig das Café. Drei Kinder sitzen, hängen und klemmen irgendwie auf einem einzigen Fahrrad. Der Boden ist noch nass und rutschig. Sofort kommt Michaela das Wort Aquaplaning in den Sinn. Es ist ein englisches Wort, doch ihr Gedanke ist wieder mal so typisch Deutsch. Bei ihr zuhause hätte es so was nicht gegeben. Die Kids wären sofort angehalten worden. Sie tragen natürlich auch keine Helme. Bei mir daheim? Michaela stolpert über diesen Satz, wohingegen die Jungs ohne Probleme auf ihrer Spur bleiben.

Sie fragt Maria, ob das hier normal sei oder ob es gegen die Verkehrsordnung verstößt.

„Tut es bestimmt, interessiert aber keinen solange nichts passiert. Die Kids lernen auf jeden Fall, die Balance zu halten. Und vielleicht befürworten es ihre Eltern sogar, weil sie so schneller und günstiger in die Schule kommen."

An dieser Aussage ist etwas dran, denkt Michaela und fragt sich, ob Zoey das überhaupt könnte, so wie diese Jungs Fahrrad zu fahren. Vermutlich wäre es für sie nur gefährlicher, weil sie keine Übung darin hat. Würde eine andere Kultur das Fahrradfahren ohne Stützräder grundsätzlich ablehnen?
Michaelas Gedanken schweifen immer weiter ab, der Blick geht in die Ferne.

„Hey, aufwachen!" Michaela schreckt hoch. „Sorry, bin ich schon wieder eingeschlafen? Der blöde Jetlag. Sind wir schon da?"
„Ja, wir sind da. Komm, an der nächsten Haltestelle müssen wir aussteigen."

Kapitel 3 – Der erste Erfolg

Nervös sitzt Michaela auf ihrem Stuhl, rutscht unruhig hin und her. Wieder und wieder überlegt sie, ob sie die richtige Entscheidung getroffen hat.
Aber sie muss einfach die Wahrheit herausfinden. Deswegen ist sie hier und sie wird es auch bis zum Schluss durchziehen.

„Guten Tag Frau Huber! Bitte kommen Sie herein."
Michaela wird von der Sachbearbeiterin hereingebeten.
Sie ist jung, vielleicht fünf Jahre älter als Michaela.
Ihr wäre es lieber gewesen, wenn sie das Gespräch mit jemanden hätte führen können, der damals dabei war.
Am liebsten würde sie genau die Frau zur Rede stellen, die vor Jahrzehnten die Adoption ins Ausland in die Wege geleitet hatte.
Doch das ist natürlich nicht möglich.
„Frau Almeida arbeitet nicht mehr bei uns. Sie ist vor sieben Jahren in Rente gegangen. Es ist eben doch schon in paar Jahre her.
Ich habe mich aber selbst sehr intensiv mit Ihrer Geschichte auseinandergesetzt und helfe Ihnen gerne weiter so gut ich kann. Wir können auch gerne hinterher versuchen, Frau Almeida zu einem Gespräch zu bitten. Erfahrungsgemäß wird sich das jedoch schwierig gestalten, da sie im Regelfall nicht dazu bereit ist, über ihre alten Fälle zu sprechen."
Michaela mustert die junge Frau etwas skeptisch. „Einen Versuch ist es aber ja wert. Schreiben Sie ihr doch bitte, vielleicht reagiert sie ja doch und lässt sich auf ein

Gespräch ein. Bis dahin fangen wir einfach mal an, würde ich sagen."
Die junge Frau nickt und bittet Michaela, sich zu setzen.

Drei Stunden später verlassen Michaela und Maria das Büro der Adoptionsvermittlung. Frau Almeida hatte bisher nicht geantwortet und etwas in Michaela sagt ihr, dass sie das auch nicht mehr tun würde.
„Scheiße, war das ein Brocken. Ich war ja wirklich auf vieles gefasst. Aber dass ich einen Bruder habe, der nicht wegmusste, schockiert mich irgendwie.
Sag mal, weißt du, warum überwiegend junge Mädchen ins Ausland adoptiert werden? Und weniger die Jungs? Ich kann mir das einfach nicht erklären."
„Naja, das ist traurigerweise ganz logisch." Marias Blick schweift nachdenklich über den Parkplatz. „Jungs werden hier mehr gebraucht als Mädchen. Mädchen werden zu Frauen und die sind in vielen Familien hier nur zum Kinderkriegen und Kochen gut. Vor allem in den Favelas, aus denen du scheinbar stammst, will man sie nicht haben. Die Jungs werden eher zum Arbeiten und Geld verdienen in die Stadt geschickt. Mädchen kannst du dafür aber nicht gebrauchen. Das denken zumindest sehr viele Familien und dann schicken sie die Kinder, die kein Geld bringen, sondern eher welches kosten, lieber weg.
In Deutschland ist das meist genau umgekehrt. Da werden die süßen kleinen Mädchen bevorzugt. Die kann man hübsch anziehen und schön frisieren.
Also geben Familien, die Geld brauchen oder sich nicht um alle Kinder kümmern können, bevorzugt die Töchter

zur Adoption nach Deutschland oder andere reiche Länder frei."

„Also wurde ich praktisch verkauft. Von meinen eigenen Eltern. Ok, gut. Meine Mutter war schwer krank. Aber trotzdem hat sie ja Geld dafür bekommen. Oder liege ich da jetzt falsch?"

Michaelas Blick wird immer finsterer. Sie spürt, wie die Wut in ihr hochkommt. „Sei mir nicht böse, Maria. Aber ich möchte jetzt etwas alleine sein. Kannst du mich irgendwo hinbringen, wo ich den Kopf freibekommen kann? Bevor ich alles kurz und klein schlag?"

„Klar, komm. Wir sind ganz in der Nähe des Busbahnhofes. Von dort fahren regelmäßig Busse zum Guarapiranga Stausee. Ich begleite dich, damit du nicht verloren gehst. Am See habe ich eine Lieblingsstelle, an der ich gerne meine Zeit verbringe. Und du kannst dort spazieren gehen, gerne allein, und deine Gedanken sortieren. Was hältst du davon?"

Michaela stimmt mit einem ausdruckslosen Nicken zu. Sie sitzt die ganze Busfahrt schweigend neben Maria und kann nicht fassen, was sie in der Adoptionsvermittlungsstelle alles gehört hat. Die Eltern krank und arm, ein großer Bruder namens Feliz ist auch noch da. Auch wenn Maria ihr das erklärt hat, aber so recht verstehen kann und will Michaela nicht, warum nur sie gehen musste und der Bruder bleiben durfte.

Am See angekommen, trennen sich die Wege der beiden Frauen sehr schnell. Während Maria die Zeit nutzt, um sich die Sonne auf den Bauch scheinen zu lassen, läuft Michaela nachdenklich los. „Gedanken sortieren! Puh!

Die sagt das so einfach. Wie soll ich diesen ganzen Berg an Informationen denn bitte schön in nur einem Spaziergang sortieren?

Und die Dame auf der Adoptionsvermittlungsstelle redet es sich auch leicht. Ich wüsste doch jetzt über alles die Wahrheit und könnte beruhigt nachhause fliegen. Was für ein großer Schock das alles ist, versteht sie nicht. So einfach kann ich meine Vergangenheit nicht hinter mir lassen. Ich meine, mir wurde so viel Mist erzählt und ich habe das jahrelang geglaubt. Fast mein ganzes Leben lang war ich davon überzeugt, dass meine Mutter schwer drogenabhängig war und ich vor ihr gerettet werden musste. Dabei war sie schwer krank, körperlich! Hey Mann, das ist ein gewaltiger Unterschied. Warum haben mich meine Adoptiveltern denn nur so angelogen? Hatten die Angst, dass ich abhaue und nach Brasilien gehe, zu meiner leiblichen Mutter, wenn ich die Wahrheit höre? Abgesehen davon wäre das gar nicht mal aufgefallen. Ich war ja eh nur ein Fleck im Keller, der nicht besetzt gewesen wäre. Hätten sie nicht froh sein sollen, dass sich ihr Problem, also ich, auf diese Weise von selbst erledigt hätte?! Ach nein, das hätte ja ihren Ruf als Wohltäter ruiniert. Wie kann ich nur so ignorant sein …"

Müde und erschöpft lässt sich Michaela auf das warme Gras fallen. Ihre Gedanken kreisen und kreisen. Schließlich gewinnt die Erschöpfung Überhand und Michaela schläft ein.

Wie so oft überschatten Albträume mit Bruchstücken aus der Vergangenheit ihren Schlaf. Michaela hört ihre Adoptivmutter schon fast so, als ob sie direkt neben ihr stehen und ins Ohr brüllen würde. Sie spürt den nach Alkohol riechenden Atem, als wäre ihre Mutter direkt neben ihr.

„Du warst heut nicht in der Schule?", schreit ihre Mutter.

„Ich bin krank, ich habe Fieber."

„Einen Scheiß hast du. Du bist nur zu faul zum Lernen. Gib's zu, du scheißt doch auf unsere Bildung hier."

„Mama, ich zittere am ganzen Körper."

„Ja klar tuste das. Weil du Angst hast, dass ich dich erwischt hab! Weil du lügst! Du bist nicht krank, du machst mich krank.Schau doch, , wie's mir grad geht!!"

Ihr Gesicht ist rot und schmerzverzerrt. Vor Michaelas Augen verzieht es sich immer mehr zu einer Fratze. Das Lachen hallt um sie herum und plötzlich lachen auch ihre Mitschüler über sie, die um das Bett herumstehen. Ihr Lehrer schaut sie kopfschüttelnd an: „Machen Sie sich keine Vorwürfe, Frau Huber. Ihre Tochter ist ein hoffnungsloser Fall."

Dann geht er raus und Michaela ist plötzlich allein auf dem Schulhof, nachts, immer noch fieberkrank, aber sie weiß nicht, wo sie sonst hin gehen soll. Der Schulhof führt durch ein Tor nach Brasilien. Ein anderes Tor führt an die Antarktis. Von dort kommt die Kälte her?

Sie fühlt eine Hand an sich, die sie rüttelt. Aus welchem der Tore kommt sie?

„Oh mein Gott, hast du mich erschreckt!" Michaela richtet sich erschrocken auf und blickt in Marias beunruhigtes Gesicht. Hinter Maria ist der Stausee. Sie ist immer noch bei Sao Paulo. Es ist Tag und weder ihre Mutter noch ihre Schulklasse sind hier.

„Ich habe mir Sorgen gemacht. Als du nach über zwei Stunden immer noch nicht zurückwarst, habe ich mich auf die Suche gemacht und dich hier gefunden. Hey, ich hab im ersten Moment befürchtet, du hättest dir das Leben genommen! Was bin ich froh, dass ich Unrecht hatte. Hast du schlecht geträumt? Du bist total schweißgebadet und hast ziemlich schwer geatmet."

Maria hat sich zwischenzeitlich neben Michaela auf das Gras gesetzt und schaut ihre neue Freundin fragend an.
„Ja, ich hatte mal wieder einen Alptraum. Aber das bin ich gewohnt, mein ganzes Leben ist ja einer. Ich kann mich kaum erinnern, mal was Schönes geträumt zu haben."
Sie setzt sich endlich richtig hin, reibt sich die Augen. „Ich frage mich immer und immer wieder, warum mir meine Adoptiveltern nicht die Wahrheit gesagt haben. Es hätte doch nichts daran geändert, dass sie mich aus der armen Gegend „gerettet" haben, also es hätte ihre tolle Geschichte kaum beeinflusst."
Sie rupft einen Grashalm aus der Erde und zieht ihn in einzelne Fäden.
„Naja, ob ich meiner Mutter weggenommen wurde, weil sie drogenabhängig war oder ob ich von ihr bewusst verkauft wurde, ist doch nun auch schon egal. So oder so war das einfach nur Scheiße.
Aber hast du eine Ahnung, warum man Kinder verkauft, wenn man krank ist? Ich frage mich, was meine Mutter davon gehabt hätte, Geld für mich zu bekommen. Wenn sie wirklich so schwer krank war, dann ist sie doch sicherlich daran gestorben. Und somit hatte sie von dem Geld doch gar nichts mehr, dafür hätte sie ein Kind bei

sich gehabt in ihren letzten Tagen. Das ist mir sowas von schleierhaft. Außer, sie war doch nur leicht krank und hat das Adoptionsbüro angelogen. Dann wollte sie einfach nur Geld sparen? Vielleicht ja doch für Drogen. Ach, ich würde ihr so gerne so viele Fragen stellen."

„Was möchtest du sie denn fragen?" Maria beginnt ganz vorsichtig, sich heranzutasten und Michaela aus ihrem Schneckenhaus zu locken. Ihre jahrelange Erfahrung mit Adoptivkindern hat sie gelehrt, wie wichtig es für betroffene Menschen ist, sich vollständig mit ihrer Geschichte auseinanderzusetzen. Zu lernen, die Vergangenheit als einen Teil ihres Lebens anzunehmen, um damit abschließen zu können. Genauso wichtig ist es für Außenstehende aber, die Grenzen zu respektieren und nur so weit an die Person heranzugehen, wie diese es zulässt.

„Willst du noch darüber reden? Oder über deine Adoptivmutter? Ich meine, du musst dich nicht jetzt gleich entscheiden. Aber wenn du über irgendetwas reden möchtest, dann bin ich für dich da. Ok? Und mein Mann auch. Sein neutraler Blick kann sehr wertvoll sein."
Nachdenklich nickt Michaela. Gerade, als Maria aufstehen möchte, platzt es aus Michaela heraus: „Meine Adoptivmutter war Lehrerin. Sie konnte keine Kinder bekommen und deshalb haben sie und ihr Mann entschieden, ein Kind zu adoptieren. Sie wollten ein süßes, exotisch aussehendes Kind, damit jeder sofort erkennen konnte, dass es nicht ihr leibliches Kind war. Ich wurde in hübsche Kleidchen gepackt, damit mich alle süß fanden und sie mit mir angeben konnten.

Ja, das mag sein, dass ich süß war. Aber ich bin kein Gegenstand, den man sich mal eben ausleiht, um damit anzugeben. So wie mit einem Sportwagen zum Beispiel. Willst du wissen, was meine Mutter gemacht hat, wenn ich nicht so funktioniert habe, wie ich es ihrer Meinung nach sollte? Sie hat mich grün und blau geschlagen, in den Keller gesperrt, mir das Essen verweigert. Manchmal hat sie mir auch das Essen verweigert, weil ich nichts essen wollte und später hat sie mich ausgeschimpft, weil ich ihrer Meinung nach zu viel gegessen habe. Es hat also nicht einmal Sinn ergeben!

Mein Kinderzimmer war nur da, damit wir nach außen hin ausgesehen haben, wie eine normale Familie. Sie musste ja ein Vorzeigezimmer haben. Ja, dafür war mein Kinderzimmer gut genug. Dass ich mit zwölf immer noch die Deko einer fünfjährigen drin hatte, war dann aber auch egal. Neue Möbel waren zu teuer. Ich sage dir, solchen Menschen gehört es verboten, Kinder überhaupt nur anzuschauen. Und dann ist diese Pest auch noch Lehrerin. Als ob das nicht schon genug wäre, dass sie mich quält. Nein, sie hat noch jede Menge anderer Kinder, für die sie zuständig ist."

„Und dein Papa? Was hat er gemacht?". Maria blickt Michaela fragend an.

„Mein Vater war so gut wie nicht präsent. Als ich ein Jahr in dieser Familie war – sofern sich dieser zusammengeworfene Menschenhaufen so nennen kann – haben sich meine Adoptiveltern getrennt. Mir hat sie natürlich noch weiß gemacht, es war meine Schuld. Ich war zu anstrengend, er hätte es nicht mehr mit mir im Haus ausgehalten. Meine Mutter hatte schon bald einen neuen Lover, Hagen, der zumindest so getan hat, als ob ihm was an mir liegen würde. Naja, er hat mich schon gemocht. Nach den Misshandlungen durch meine Mutter hat er mich immer in den Arm genommen und getröstet. Aber unternommen hat er nichts. Er war zu feige, auch wenn er versucht hat, ihren Bullshit emotional auszugleichen. Aber wirklich gelungen ist ihm das nicht."

Michaela steht langsam auf. „Komm, lass uns jetzt zurückgehen. Ich habe dich genug damit genervt und ich hab Hunger", fordert sie ihre Begleiterin auf.

Schweigend gehen die beiden Frauen den Weg zurück zur Bushaltestelle. Michaela scheint vollkommen in ihren Gedanken versunken zu sein.

„Weißt du," sagt Maria, „auch, wenn es nicht leicht ist, das zu verstehen, aber das ist nicht Hagens Aufgabe gewesen, emotional auszugleichen. Er kann dir die Liebe deiner Mutter nicht ersetzen. Das funktioniert nicht. Egal, wie sehr er sich auch bemüht hätte, in dir wäre immer diese Leere geblieben, die durch die fehlende Zuneigung der Frau entstanden ist, die dich als Mutter aufgezogen hat."

„Pffff, fehlende Zuneigung ist gut. Das war keine fehlende Zuneigung, das war purer Hass. Hab ich dir schon einmal die Geschichte erzählt, wo sie mein Gesicht in meine eigene Pisse gedrückt hat?"

„Wie bitte??? Nein das hast du nicht erzählt. Was ist da passiert?" Maria ist völlig entsetzt und von der Vorstellung angewidert, dass eine Mutter auch nur auf solch eine Idee kommen kann.

„Ich habe lange in die Hosen gemacht. Heute weiß ich, dass das durch den emotionalen Stress gekommen ist.

Aber damals, als Kind, war ich der Meinung, dass mit mir etwas nicht stimmte. Und meine sogenannte Mutter war mit mir ja ohnehin schon völlig überfordert. Eines Tages hat sie am Morgen meinen Kopf gepackt und mein Gesicht auf die nasse Stelle im Bett gedrückt. Mir war so schlecht danach, dass ich mich nur mit Mühe zurückhalten konnte, meiner Mutter nicht ins Gesicht zu kotzen. Ich war richtig traumatisiert und hab natürlich danach erst recht reingepinkelt."

„Um Himmels Willen, was hat diese Frau nur mit dir gemacht?" Maria schüttelt immer wieder völlig entsetzt den Kopf. Am liebsten würde sie Michaela in den Arm nehmen und ihr all die Liebe geben, die sie von ihrer Mutter nicht bekommen hat. Dass das nicht funktioniert, hat sie Michaela aber ja gerade selbst erklärt.

Zurück in der Stadt, möchte Michaela nur noch in ihr Bett. Der Jetlag macht ihr mehr zu schaffen, als sie erwartet hatte, denn es sind nur vier Stunden Zeitverschiebung. Trotzdem ist sie müde und muss dringend den Schlaf nachholen, der ihr durch den langen Flug fehlt.

Als sie bei Maria zuhause ankommen, verzieht sich Michaela wortlos in ihrem Zimmer. Sie braucht Zeit. Zeit, nachzudenken und ihre Gedanken zu sortieren. Hätte sie doch erst die paar Tage am Meer verbringen sollen? Jetzt wo sie in Sao Paulo ist, ist alles so greifbar und wird immer realer. Dass ihr Aufenthalt mit vielen aufgewühlten Emotionen verbunden sein würde, war ihr durchaus bewusst gewesen, bevor sie ins Flugzeug gestiegen ist. Aber das, was sie jetzt gerade durchmacht, war nicht geplant. Der Zwiespalt, in dem sie sich befindet, wurde immer größer und schien eine unüberbrückbare Kluft, sofern sie das nicht ohnehin schon war, zwischen ihr und ihrer Adoptivmutter zu schaffen.

Sie sehnte sich so sehr nach Geborgenheit und würde alles geben, um endlich von einer Mutter in den Arm genommen und geliebt zu werden.

Ein Wunsch, der wohl unerreichbar bleiben würde.

Wie unerreichbar, ist Michaela zu diesem Zeitpunkt noch nicht bewusst.

Kapitel 4 – Im Kinderheim

„Pssst, ganz ruhig, alles ist gut. Du hast nur schlecht geträumt. Komm erst mal zu dir und atme tief ein."
Michaela schaut sich irritiert um und ist im ersten Moment sehr verwundert, dass Maria neben ihrem Bett sitzt und ihr die Stirn mit einem Waschlappen abwischt.
„Ich glaube, du hattest schon wieder einen Albtraum. Die kommen bei dir ja wirklich ständig. Hier hast du eine Tasse Kakao." Michaela setzt sich auf und nimmt die warme Tasse mit beiden Händen und hält sie fest an sich gedrückt.
„Du hast Recht. Ich habe vom Kinderheim geträumt. Das Heim, in dem ich war, bevor ich nach Deutschland gebracht wurde. Das war so übel. Die Erinnerungen daran machen mich echt fertig. Ich bin mir aber nicht sicher, ob sie mit den realen späteren Erlebnissen vermische. Meinst du, es wäre gut, wenn ich dort hingehe? Ich habe mal gelesen, dass es helfen soll, mit solchen Erinnerungen abzuschließen, wenn man sich ihnen stellt."
„Hm…" Maria blickte Michaela mitleidig an. „Ich weiß es nicht. Kinderheimerinnerungen sind selten positiv und nach allem was du erlebst hast, kann so ein Besuch ziemlich nach Hinten losgehen."
„Das denke ich mir auch und dann im nächsten Moment denke ich, schlimmer kann es doch nicht mehr werden. Entweder ganz oder gar nicht."

Das Frühstück fällt heute weniger üppig aus. Doch Michaela ist froh, dass sich Maria nicht noch mehr Mühe macht, als sie es ohnehin schon tut. Außerdem ist sie heute etwas gesprächiger, wenn auch nicht besser gelaunt. Sie erzählt zur Abwechslung etwas von Zoey und Markus, um nicht immer nur den Miesepeter zu spielen. Dabei hofft sie, ihre eigene Stimmung mit heben zu können. Vor allem wenn sie von Zoeys Stärke in dieser Situation erzählt, funktioniert es. Sie ist stolz auf sich, dass sie eine bessere Mutter sein kann.

Maria möchte ein Foto von der kleinen Familie sehen. Als Michael ihr Smartphone zückt, sieht sie, dass Markus ihr eine neue Nachricht geschickt hat. Er habe gestern mit seinen Kollegen über den ganzen Fall gesprochen und die wären nun alle in Gedanken bei Michaela. Schöne Grüße vom Team! Sie schmunzelt.

Dann packt sie ihre Sachen und verlässt Marias Haus.

Michaela ist supernervös als sie endlich mitten in der Pampa bei dem alten Kinderheim angekommen ist. Die Gerüche am Bahnhof kommen ihr unheimlich bekannt und vertraut vor.

Als sie das Kinderheim sieht, steigen viele Emotionen gleichzeitig in ihr hoch. Die meisten davon sind negativ, doch hier war es noch besser als in Deutschland. Als sie das Heim mit etwa Vier verlassen hat, nahm ihr Leben eine unvorstellbare Wendung zum Schlechtmöglichsten.

Sie sieht ein Kind über den Hof laufen, das etwas zu Essen in der Hand hält. Sofort denkt sie daran, wie sie auch hier einmal in eine dunkle Kammer gesperrt worden war, nur weil sie nicht essen wollte. Eine Frau hatte ihr dann nach Stunden ausgiebig vorgeworfen, wie undankbar, anstrengend und verschwenderisch sie sei. Die

Erinnerung ist nur bruchstückhaft, aber immer noch schmerzhaft in ihrem Kopf. Plötzliche Dunkelheit verträgt Michaela deshalb bis heute nicht und ihr fällt auf, dass finstere abgesperrte Orte und Essen bei ihr schon immer in unschöner Verbindung standen.

Sie betritt den Eingangsbereich, erklärt ihr Anliegen. Eine freundliche, sehr junge Mitarbeiterin bietet sich an, zu übersetzen und Michaela auf ihrem Rundgang zu begleiten. Sie versucht, einen Smalltalk zu beginnen, doch Michaela geht kaum darauf ein.
Die sieht sich lieber im Kinderheim um und bemüht sich, weitere, positive Erinnerungen, wach zu rütteln, innerlich toben aber eher Hass und Wut in ihr. Eine Schaukel kommt ihr bekannt vor. „Ich weiß, ich dürfte nicht auf die Leute sauer sein, die mir jetzt gerade so liebevoll das Kinderheim zeigen, aber innerlich verurteile ich sie zutiefst", denkt Michaela. Sie starrt weiter auf die Schaukel und verspürt wie aus dem Nichts den Drang, sie kaputt zu treten.
Sie meint, sich an eine Schaukel erinnern zu können, die dieser hier ganz ähnlichsieht.

Es war ein sonniger Tag nach einem Regen, der Boden war noch voller Schlamm. Gerade als sie das Gefühl hatte, über dem nassen Boden und von ihrer fürchterlichen Möchtegernmutter davon fliegen zu können, spürte Michaela einen Tritt hinten in den Rücken und im nächsten Moment kniete sie auf dem Boden, die Hosen voll von Schlamm und die Hände blutig, weil sie auf einem spitzen kleinen Stein gelandet war. Kurz war ihr eine

Träne in die Pfütze gefallen, doch diese Genugtuung wollte sie der Mutter nicht geben. Also wischte sie sich Gesicht, Hände und Hose ab und ging zu einem anderen Spielgerät, unter dem herablassenden Blick der Adoptivmutter, weil sie sich jetzt auch noch dreckig gemacht hatte ...

Sie schaut von der Schaukel weg und geht zurück ins Innere des Heims. Die junge Mitarbeiterin läuft ihr nach. Sie redet weiterhin auf Michaela ein, stellt ihr Fragen aus Höflichkeit, doch die winkt fast jede Bemerkung einsilbig ab. Warum wollen alle in Brasilien so viel mit ihr reden? Früher hat sich doch auch keiner dafür interessiert, wie es ihr geht oder was sie so macht. Warum jetzt?

Sie läuft weiter, planlos, doch sie will eben auch nicht von allen Seiten zugequatscht werden. Am liebsten wäre sie allein unterwegs, aber das geht natürlich nicht. Die Kinder müssen vor Fremden geschützt werden, das versteht sie. Meistens sind jedoch Bekannte die größte Gefahr, stellt sie danach fest.
Ein Flur kommt ihr bekannt vor. Sie meint, mit einem größeren Jungen hier Fangen gespielt zu haben. Kurz darauf war die Heimleiterin gekommen und hatte beide jeweils auf ihr Zimmer geschickt, mit strengem Blick und grober Hand. Das war ihr damals schon furchtbar unfair vorgekommen, doch immerhin hatte es die Heimleitung dabei belassen. Kein Geschrei, kein Schlagen, kein Psychoterror. Nur das Verbot, im engen Flur zu rennen und zu schreien.

Dann kommt ein unklares Bild von einem Badezimmer empor. Es war dreckig. Jeder hatte nur kurz Zeit, um sich zu waschen, und wirklich sauber fühlte man sich danach noch immer nicht. Aber da war Kinderlachen überall um sie herum. Spätere Erinnerungen an ein Bad waren klar und kalt. Sauber. Doch da war kein Kinderlachen mehr, sondern Gebrüll durch die Wände.

Es ist interessant, alles so in Relation zu setzen.

Ein Mitarbeiter im Flur spricht Michaela an. Er muss am Empfang mitbekommen haben, warum sie ist hier ist und bietet ihr an, die Dame anzurufen, bei der sie und ein paar andere Adoptivkinder zeitweise gewohnt hatten, Carola Ziegler. Vor einiger Zeit hatte Michaela Frau Ziegler eine E-Mail geschrieben und ihr gesagt, dass sie nicht verstehen konnte, warum sie die Kinder wieder weggegeben hatte. Sie musste doch genau gewusst haben, wie Michaelas Mutter tickt, aber mehr als ein „oh Mann, das macht mich jetzt aber traurig" hatte sie nie von ihr zurückbekommen.

Und jetzt sollte sie, sowieso schon mit der Situation überfordert, auch noch mit dieser doofen Kuh reden? Sie winkt freundlich ab. Michaela weiß, dass der junge Mitarbeiter (sie glaubt, er ist der Hausmeister) es nur gut meint, aber innerlich wehrt sie sich gegen jeden, der ihr Schicksal damals mit in der Hand hatte. Sie hatte sich bewusst dazu entschieden, heute keinem der Mitschuldigen wirklich unter die Augen zu treten. Die Wut, die dann aus ihr herauskäme, wäre einfach zu groß.

Bevor Michaela das Heim verlässt, spendiert sie noch Süßigkeiten für die Kinder, die heute dort leben und sie machen ein Foto. Für die Kids bestimmt ein historischer Moment. Für sie eher eine lästige soziale Pflicht.
Es scheint den Kleinen recht gut zu gehen. Scheinbar haben sich die Zeiten geändert. Doch auch bei ihrem kurzen Besuch bemerkt Michaela die Überforderung der Heimbetreuer mit so vielen kleinen Kindern. Aber Geld für mehr Personal oder bessere Räumlichkeiten ist nicht da.

Eines der Kinder läuft ihr nach, solange es kann. Es redet auf Portugiesisch auf sie ein. Vermutlich denkt der Junge, Michaela sei eine potenzielle Adoptivmutter. Für einen Sekundenbruchteil spielt sie den Gedanken durch. Aber nein, sie muss erst einmal ihre eigene Adoptionsgeschichte verkraften, bevor sie sich auf eine neue einlassen könnte. Es tut ihr im Herzen weh, doch sie muss den Kleinen zurücklassen, ohne überhaupt verstehen zu können, was er sagt.

Nach ihrem Besuch ist Michaela froh, dass sie es durchgezogen hat, doch ihre Energie für heute ist aufgebraucht. Zurück bei Maria möchte sie erneut mit keinem sprechen, aber natürlich wollen alle wissen, wie es war. Es war ein anstrengender Tag. Erst jetzt merkt sie, wie sehr sie die Reise in die Vergangenheit körperlich mitnimmt. Erschöpft ist gar kein Ausdruck.
Trotzdem spürt Michaela, ganz tief in ihr verborgen, eine kleine Vergebung aufkeimen.

Als Michaela endlich im Bett liegt, rasen ihr tausend Gedanken durch den Kopf. Wieder und wieder sieht sie einzelne Erinnerungsfetzen ihrer Kindheit und Jugend. Als sie etwas älter geworden war, kam sie zum Beispiel einmal zu spät zur Schule, weil ihre Mutter sie mal wieder festgehalten und ewig lang angeschrien hatte, was für eine Schande sie doch wäre. Als Michaela danach ins Klassenzimmer kam, fragte ihre Lehrerin natürlich, warum sie so spät war. Michaela hatte nur mit den Schultern gezuckt und gesagt: „Entschuldigen Sie, Frau Hofmann, aber meine Alte hat sie nicht mehr alle!"
Die Lehrerin war daraufhin so perplex gewesen, dass sie es einfach durchgehen ließ. Vielleicht ahnte sie etwas, wagte es aber nicht, sich einzumischen. Michaelas Mitschüler mussten unsicher grinsen und seitdem konnte sie besser mit allem umgehen, wenn sie einfach darüber lachte.

Der letzte Gedanke, den sie im Wachzustand hat, ist die Frage, wer der Junge war, an den sie sich im Flur des Kinderheims erinnern konnte. Sie weiß nicht mehr warum, doch damals war er wichtig.

Kapitel 5 – Internat

Am nächsten Tag sitzen Michaela und Maria im Garten. Eine Katze springt neben ihnen auf eine Mauer, um in der Sonne zu dösen. Sie sieht so entspannt aus, scheint von keinen Albträumen geplagt zu sein.

Maria ist heute wie immer sehr gesprächig und zur Abwechslung ist auch Michaela in der Stimmung, etwas mehr von sich zu erzählen. Die Gastfreundschaft der Anwältin sorgt dafür, dass sie Stück für Stück auftaut. Also unterhalten sie sich angeregt, mit frischem Obst und einem Gläschen Wein.
Es geht um die Jugend der beiden Frauen, erste Erfahrungen mit der Liebe, um Freundschaften und die Schulzeit. Hier hat Michaela nicht nur Schlechtes zu erzählen. Im Gegenteil. Mit Freunden und Lehrern durfte sie einige positive Erfahrungen machen.

Eines Tages wollten Michaelas Mutter und ihr Freund Hagen mit ihr reden. Sie war mittlerweile in der 6. Klasse und das Lernen fiel ihr immer schwerer. Zu dieser Zeit besuchte sie eine sechsstufige Realschule und hatte viele neue Fächer dazubekommen. Obwohl sie in den ersten Jahren eine gute, fleißige Schülerin gewesen war, verstand sie nun gar nichts mehr und schrieb nur noch Vieren.
Inzwischen vermutet Michaela, dass sie schlechter wurde, weil sie immer mehr begriff, was zuhause vor sich ging. Es lenkte sie immer mehr vom Lernen ab und erschien ihr immer unfairer gegenüber dem Leben, das

ihre Klassenkameraden lebten. Dazu die Pubertät und die fehlende Förderung durch ihre Eltern, obwohl sie mit einer Gymnasiallehrerin zusammenlebte. Es war der perfekte Cocktail für den Niedergang.

Ihre Mutter hatte sich wegen der sinkenden Leistungen entschieden, ihre Adoptivtochter auf ein Nonneninternat zu schicken. Dort würde man schon wissen, wie mit faulen Jugendlichen umgegangen wird, hatte sie ihre Entscheidung herablassend kommentiert.

Für Michaela war das zunächst ein großer Schock und sie hatte viel geweint. Im Nachhinein war das die beste Entscheidung, die ihre Mutter jemals getroffen hatte.
Genau zwei Jahre lang besuchte Michaela das Internat und hatte dort die beste Zeit ihres Lebens. Ihre Klassenlehrerin, Frau Schmitz, war eine liebe Frau, mit der sie bis heute noch Kontakt hält. Sie war so ganz anders als Michaelas Mama und hat ihr gezeigt, wie man Kinder auch anders "erziehen" kann. Frau Schmitz half, wo sie konnte, hatte immer ein offenes Ohr und tröstete Michaela, wann immer sie mal wieder Stress zuhause hatte.

Wie so viele Menschen, die das angebliche Familienglück nur von außen sahen, hatte sich Frau Schmitz zunächst in Michaelas Adoptivmutter getäuscht. Sie nahm die Mutter in Schutz, wenn Michaela ihr von den Misshandlungen berichtete. Sie sagte ihr, dass Mütter von Kindern in der Pubertät eben manchmal überfordert seien und Michaela nachsichtig mit ihr sein solle. Sie sei doch ein kluges, starkes Mädchen. Doch schon sehr bald erkannte Frau Schmitz, wie diese Furie in Wahrheit tickte.

Denn sie sah im Alltag, wie Michaela litt, wie sie sich nicht auf den Schulstoff konzentrieren konnte. Sie entdeckte außerdem blaue Flecken und gab sich somit einen Ruck, den Geschichten der neuen Schülerin genauer zuzuhören.

Von da an war sie für Michaela genau die Person, die diese brauchte. Frau Schmitz hat Michaela immer umarmt und ihr viel Liebe geschenkt. Fürsorgliche Liebe, die sie in dieser Form noch gar nicht kannte. Dafür war Michaela ihr unendlich dankbar. Sie weiß nicht, was sie ohne die Lehrerin für ein Mensch geworden wäre. Denn die frühe Jugend ist prägend für das Verhalten eines Menschen.

Frau Schmitz hatte immer die besten Ratschläge. Sie nahm sich Zeit, um Michaela Tipps für effektiveres Lernen gegeben, sodass sich Michaelas Noten schnell besserten. Und auch bei Fragen, die ein Mädchen in ihrem Alter so hatte, stand ihr die Lehrerin erstaunlich offen zur Seite. Ihre Meinung war Michaela damals wichtig und ist es heute immer noch. Sie hat sie sogar als eine Art Zweitmama gesehen.

Gleichzeitig bemerkte Michaela, wie ihre Adoptivmutter eifersüchtig auf die Internatslehrerin wurde. Denn diese schaffte es, ruhig und ohne auszurasten, für ein Kind da zu sein und Michaela machte keinen Hehl daraus, immer wieder von den schönen Momenten zu erzählen, die sie mit Frau Schmitz hatte. Ihre Mutter kochte bei diesen Berichten, doch ausgesprochen hatte sie diese Eifersucht nie. Sie war viel zu sehr auf die äußere Fassade der perfekten Familie bedacht, als dass sie diesen Schritt gewagt hätte.

Auch als sich Michaela zum ersten Mal für einen Jungen interessierte, hatte sie sich auf Frau Schmitz verlassen müssen. Als sie ihre Mutter gefragt hat, wie sie sich denn ihm gegenüber verhalten könne, damit sich einer für sie interessieren würde, da hatte ihre Mutter nur geantwortet: „Ich bin froh, dass ich dich auf ein Nonneninternat geschickt habe. Da kann dir all so was komplett egal sein. Aber für dich wird sich eh kein Junge interessieren. Die wollen blonde Mädchen mit blauen Augen und schlanken Beinen. Das hast du alles nicht.“
Dass der Junge, den sie mochte, aus dem Dorf kam, in dem das Internat lag und sie ihn am Wochenende bei einem Spaziergang kennengelernt hatte, diese Information blieb Michaela im Hals stecken. Sie hatte zu wenig Erfahrung und erst recht zu wenig Mumm, um eine schlagfertige Antwort zu geben.
Also ging sie zu Frau Schmitz, um sich emotionale Unterstützung zu holen, nachdem ihre Mitschüler nur komisch gekichert hatten.
„Deine Mutter hat bitte was gesagt?!“, fragte Frau Schmitz schockiert, als Michaela ihr den Kommentar wiederholte.
„Du bist noch recht jung, aber klar, jetzt ist die Zeit, in der du dich für neue Arten von Beziehungen interessierst.“
Und so erzählte Frau Schmitz ihr alles was junge Mädchen interessierte, konnte sich jedoch die ein oder andere Warnung nicht verkneifen. Die kommende Nacht war

eine der lustigsten, die Michaela mit ihren Zimmergenossinnen jemals erlebt hatte. Sie alle hatten sich erzählt, in wen sie verliebt waren, sei es jetzt oder vor ihrer Zeit im Internat gewesen. Das Gespräch stärkte auch die Freundschaft zwischen Michaela und den Mädchen aus ihrem Jahrgang. Sie fühlte sich mit ihnen verbunden, auch wenn sie nie zu hundert Prozent war wie die anderen und eine der wenigen, die nie nach Hause wollte.

Es waren wirklich schöne Jahr dort im Internat, die ihr nicht mal ihre Mutter vermiesen konnte. Aus der Geschichte mit dem Jungen aus dem Dorf war nie etwas geworden, doch seitdem fühlte sie sich etwas erwachsener und selbstbewusster. Sie war nun eine Frau.

Aber als sie zum ersten Mal im Internat ankam, hatte sich Michaela zu Beginn einen kleinen Fehler erlaubt. Sofort informierte die Internatsleitung ihre Mutter und als Michaela nach zwei Wochen nach Hause kam, drehte diese wieder mal komplett durch. Wie man sich nach nur so kurzer Zeit vollkommen den eigenen Ruf zerstören könne, hatte sie ihre Adoptivtochter gefragt. Das würde doch auch auf sie als Mutter zurückfallen und Michaela würde sie daher mit in den Dreck ziehen.
Ohne ein weiteres Wort zu sagen, schmiss sie daraufhin alle Sachen von Michaela in den Müll, vor allem viele Briefe, die ihr sehr wichtig waren. In weißen kleinen Fetzen flogen die lieben Worte in den Papierkorb. Und all das nur, weil Michaela eine Schulstunde lang geträumt und nicht mitbekommen hatte, wie sie aufgerufen wurde.

Durch Anfälle wie diese hatte Michaelas Adoptivmutter ihrer Tochter unabsichtlich gelehrt, auf materielle Dinge nicht viel Gewicht zu geben. Sie hat es geliebt, Sachen von ihrer Tochter wegzuschmeißen oder zu zerstören. Am liebsten demolierte sie Türen. Genaugenommen liebte sie es, wenn sie einen neuen Grund gefunden hatte, vor Wut alles kurz und klein zu schlagen.

Es kam vor, dass Hagen etwas davon heimlich ersetzte oder Michaela etwas lieh, wenn sie etwas bestimmtes benötigte. Aber wenn es hart auf hart kam, stand er hinter seiner Freundin.

Nach der Zeit im Internat - Michaela war damals 14 und ihre Mutter wollte sie lieber wieder unter ihrer eigenen Kontrolle haben - musste sie wieder zuhause wohnen und der Wechselzirkus mit den Launen der Mutter nahm erneut seinen Lauf.

Sie hat es nicht nur geliebt, Gegenstände zu zerstören, sondern auch, mit Brutalität und unter großem Protest, Michaelas Haare abzuschneiden. Sie wollte die junge Frau absichtlich hässlich machen. Sie mochte es überhaupt nicht, dass ihre Tochter hübsch und beliebt war. Sie mochte so vieles an ihr nicht. Die Schläge wurden zwar weniger, denn jetzt konnte sie sich körperlich wehren, aber psychisch gab ihre Mutter sich die größte Mühe, ihr alles Selbstvertrauen und jede Selbstachtung zu nehmen. Sätze wie „du fette Sau" oder „Latinohure" waren noch nett gemeinte Wörter.

Während ihrer ersten Zeit auf der Realschule wollte Michaela zunächst, dass jeder mitbekommt, wie mies ihre Mutter zu ihr war. Sie hatte zwei engere Freundinnen, mit denen sie manchmal darüber redete, aber es machte sie traurig, wenn diese sie damit aufzogen. Sie betonten außerdem immer wieder, wie sie sich schämen würden, wenn sie so eine Mama hätten. Sie machten sogar Witze darüber oder rieten Michaela, diese Frau nicht mehr zu erwähnen, um den anderen nicht die Stimmung zu verderben.

Also hatte Michaela bei ihrem Neuanfang im Internat eine Kunstfigur für ihre Mutter erschaffen, die auch noch weit über die Zeit im Internat hinaus existent blieb. In den Köpfen ihrer Mitschüler war sie die beste und tollste Frau auf der Welt und jeder sollte dies wissen!

Aber leider hat irgendwann jeder gemerkt, dass Michaela sich so einige ihrer Geschichten zusammenfantasierte. Sie schaffte es nämlich nicht, ihre Storys jedes Mal auf die gleiche Weise zu erzählen. Die Aussagen widersprachen sich. Also fragten ihre Mitschüler sie irgendwann nach der Wahrheit. Vorher machten noch ein paar Gerüchte die Runde. So glaubten manche sogar, Michaela hätte überhaupt keine Mutter und habe jedes einzelne Detail erfunden.

Daraufhin hatte Michaela jedem die, zur Abwechslung mal wahre, Geschichte erzählt, wie ihre Mama einmal beim Rewe einen armen Mann den kompletten Einkauf gezahlt hatte. Sie wollte eben irgendwie erreichen, dass man etwas Gutes in dieser Frau sah. Und sie wollte es selbst nicht wahrhaben, dass ihre Mutter mehr schlechte als gute Seiten hatte. Aber wenn es die Chance gegeben hätte, aus dem Internat gar nicht mehr nach Hause fahren zu müssen, hätte Michaela sie genutzt. Im Internat durfte sie essen so viel, oder auch so wenig, sie wollte, und sie durfte sich die Haare wachsen lassen, sie flechten und Sport machen. Sie konnte etwas sein, was sie bis dahin nie sein durfte: Sie selbst. Und wenn jemand etwas sagte, seien es Mitschüler oder die verachtete Mutter, konnte sich Michaela jederzeit an ihre Lehrerin wenden. Dafür danke, Frau Schmitz.

In Gedanken an das Internat schlendert Michaela durch die Einkaufsstraßen von Sao Paulo. Heute ist sie allein. Da es helllichter Tag ist und sie sich in einer sehr aufgeräumten Gegend befindet, kann sie problemlos allein, und offensichtlich als Touristin, herumlaufen.
Dadurch ist auch keiner dabei, der mit ihr reden möchte, was zur Abwechslung sehr entspannend ist. Außerdem ist sie inzwischen wach genug, um nicht bei der ersten Pause einzuschlafen und den nächsten Albtraum zu erleben.
Ihr Ziel ist, Souvenirs für Markus und Zoey zu finden. Und natürlich auch etwas für die Zoeys Patin. Ein kleines Dankeschön dafür, dass sie sich so liebevoll um Zoey kümmerte, damit Michaela endlich inneren Frieden finden konnte.

Das Gefühl, dass sie kurz im Shuttlebus gehabt hatte – als die Frau neben ihr saß, die rein äußerlich betrachtet ihre Mutter sein könnte – ist wieder da. Dieses Mal unheimlicher. Bei jeder Frau, die ihr selbst ähnlichsieht und etwa in dem Alter ist, in dem ihre Mutter sich befinden müsste (falls sie noch lebt), zuckt Michaela zusammen. Sie würde sich gerne einreden, dass sie fantasiert. Doch die Tatsache, dass solch eine Zufallsbegegnung möglich ist, lässt sich nicht wegdenken.

„Ich will sie gar nicht sehen! Das ist mir zu viel!", ruft Michaela mehr zu sich, aber laut genug, damit andere es hören könnten. Sie schaut sich um. Keiner interessiert sich für sie. Die wenigsten werden sie verstanden haben. Und wenn doch, hier geht es laut und hektisch zu. Den Pendlern, den Verkäufern und Kunden, den um ein Handy versammelten Jugendlichen, ihnen allen ist sie egal.

„Über meine Vergangenheit will ich so viel herausfinden wie möglich. Vor allem, meinen Bruder zu finden, wäre gut. Ihn kann ich dann alles fragen, was ich so lange wissen möchte.
Aber ich bleibe dabei: Alle, die aktiv ihre Finger im Spiel hatten, will ich weder sehen noch hören müssen. Ja gut, manchmal will ich es, um meine Wut ablassen zu können. Aber ich weiß nicht, ob das so gut wäre und es ändert ja nichts. Die haben es aus ihrer Sicht bestimmt gut gemeint. Dachten alle, ich hätte es besser in Deutschland. Haben sich um ihren eigenen Scheiß gekümmert. Wahrscheinlich lebt meine Mutter gar nicht mehr. Ja, sie war doch so krank, also muss sie längst tot sein."
So murmelt sie ihre Gedankengänge vor sich hin, während sie durch die Stadt läuft. Sie wundert sich nur, dass sie noch nicht angesprochen oder für verrückt

erklärt wurde, weil sie die ganze Zeit mit sich selbst spricht.

Nach einiger Zeit findet sie einen gemütlichen Laden mit handbemalter Kunst und kleinen geflochtenen Armbändern. Sie nimmt ein Bild für Markus mit, auf dem zwei abstrakte Tänzer zu sehen sind. Das sollen sie als Paar sein. Für Zoey wird es eines der Armbänder. Die Patin bekommt eine handbemalte Maske. Die hat so ein Faible für den Karneval, aber den aus Brasilien konnte sie nie kennenlernen. Die Maske dürfte etwas von diesem Feeling mit über den Ozean bringen. Ganz kurz überlegt sie, auch etwas für Hagen mitzunehmen, für ihre Adoptivmutter aber nichts. Aus Prinzip. Die soll mal sehen, wie sich das anfühlt. Im nächsten Moment verwirft sie die Idee. Ich lasse mich nicht auf dein Niveau herab, nimmt sich Michaela ein Herz.
Lieber packt sie noch ein paar kleinere Mitbringsel für ihre Arbeitskollegen ein. Ein wenig brasilianische Kultur mit nachhause zu bringen, könnte ihr guttun.

Kapitel 6 – Am Ziel

Seit Michaelas Ankunft in Brasilien sind mittlerweile zwei Wochen vergangen. Sie ist sich sicher, dass sie nicht die vollen acht Wochen bleiben möchte. So lange will sie Maria gar nicht zur Last fallen. Sie könnte sich noch ein Hotel nehmen, doch das ist für all diese Wochen zu teuer. Außerdem befürchtet sie, die Einsamkeit, weit weg von ihrer Tochter und ihrem Freund, könnte einen negativen Effekt haben. Dann wäre all der Fortschritt wieder hinfällig.

Sie eröffnet Maria ihre Pläne: „Egal, was ich finde. Maximal zwei weitere Wochen, dann fliege ich zurück. Ich vermisse meine Tochter. Sie soll in dem Alter nicht länger als nötig von ihrer Mutter getrennt sein."
„Das ist schade, denn ich habe dich gerne bei mir. Es kann etwas trist werden im Alltag, da ist Besuch eine willkommene Abwechslung. Aber ich kann dich auch verstehen."
„Wir könnten auch mal wieder unsere Familien besuchen", hakt ihr Mann ein, der im Fernsehen die Nachrichten anschaut. Michaela ist überrascht, dass sie einige der gesprochenen Sätze der Sendung versteht.

„Also, dann würde ich sagen, wir müssen schnell handeln. Du wolltest nach deinem Bruder suchen? Dann lass uns mal dahin fahren, wo er zuletzt gemeldet war."

Nach einer unendlich langen Fahrt mit dem Bus kommen die beiden Frauen endlich an ihrem Ziel an. Sie landen in einem kleinen Dorf am südlichen Ende Brasiliens, weitab vom Trubel der Stadt und ohne deren Infrastruktur. Die Bewohner leben in einfachen Lehm- oder Holzhütten, essen nur das, was sie selbst herstellen können und sind darauf angewiesen, dass das Brunnenwasser einigermaßen sauber ist.

„Setz dich erstmal hin, Michaela. Hier, diese Bank dort drüben ist im Schatten. Ruh dich aus, während ich versuche, in Erfahrung zu bringen, ob dein vermeintlicher Bruder tatsächlich hier lebt. Dieses Dorf hatten sie dir im Büro doch genannt, oder?"
Maria begleitet Michaela, die durch das Tropenwetter ziemliche Kreislaufbeschwerden hat, zu einer Bank aus einem Baumstamm und verschwindet.
„Oh Mann, worauf habe ich mich da bloß eingelassen. Jetzt sitze ich hier, mitten in der Pampa irgendwo im Niemandsland. Wenigstens reichen meine Sprachkenntnisse, um nach Wasser zu fragen", denkt sich Michaela.
Doch ehe sie dazu kommt jemanden anzusprechen, kommt ein kleiner Junge auf sie zu.
„Hier, das ist für dich!", sagt er in gebrochenem Englisch und reicht Michaela eine mit Wasser gefüllte, schon etwas abgenutzte Plastikflasche hin.
„Vielen Dank! Woher wusstest du denn, dass ich Durst habe? Und woher kannst du so gut Englisch?"
„Ich heiße Adriano. Und wer bist du?" Der kleine Junge schaut Michaela fragend an.
„Ich bin die Michaela. Ich komme aus Deutschland."

„So schaust du aber gar nicht aus. Dass du nicht von hier kommst, habe ich nur gemerkt, weil du mit dem Wetter nicht zurechtkommst. Das hat man dir angesehen, dir geht's nicht gut.

Du schaust aber sonst eher aus, wie die Frauen von uns. Nur deine Kleidung ist schöner. Darf ich mal anfassen? Ich lerne Englisch in der Schule. Mein Papa sagt, dass das wichtig ist. Also die Schule und Englisch sprechen. Wir sollen es mal besser haben als er und in die Stadt ziehen können, um dort eine gute Arbeit zu bekommen. Ich wohne gleich hier ganz in der Nähe. Ich zeig es dir, wenn du willst."

Adriano ist kaum zu bremsen. Irgendetwas an Michaela zieht ihn magisch an. Er weiß nur nicht, was es ist und sie weiß es schon gar nicht.

„Das ist total lieb von dir," antwortet Michaela, „aber ich warte hier gerade auf eine Freundin. Weißt du, ich schaue so aus wie die Frauen hier, weil ich selbst hier in Brasilien geboren wurde. Ich lebe nur in Deutschland. Und jetzt bin ich auf der Suche nach meinem Bruder. Meine Freundin spricht Portugiesisch und versucht gerade herauszufinden, ob mein Bruder wirklich hier lebt."

Adriano hört interessiert zu. Plötzlich springt er auf, rennt auf einen älteren Mann zu und redet aufgeregt auf ihn ein. Genauso schnell wie er weggerannt ist, steht er wieder vor Michaela.

„Ich weiß, wer dein Bruder ist! Ob du es glaubst, oder nicht. Der Mann dort hinten mit dem ich geredet hab, der ist mein Opa. Der erzählt oft von so einer Freundin, die ihre Tochter weggeben hat, weil sie sich nicht um sie kümmern konnte. Das ist voll traurig. Aber ich bin mir sicher, ihr Sohn ist dein Bruder! Weil, der wohnt noch hier. Bitte, bitte komm mit. Ich bring dich zu ihm!"

In der Zwischenzeit ist auch Maria wieder zurück. „Ich war leider nicht erfolgreich. Niemand kennt einen Feliz. Scheinbar lebt dein Bruder doch nicht hier. Vielleicht ist er weitergezogen.
Vor einigen Jahren gab es hier wohl eine große Dürre, die die Landwirte vertrieben hat, weil sie sich nicht mehr ernähren konnten. Das haben mir eben mehrere Leute gesagt. Falls dein Bruder also Landwirt ist, wird er hier fortgezogen sein und das Adoptionsbüro hat seinen Kontakt verloren. Wir werden wohl weitersuchen müssen."
„Bevor wir weitersuchen, darf ich dir jemanden vorstellen, Maria? Das ist Adriano, sein Opa kennt eine Frau, die ihre Tochter weggegeben hat. Sie hat aber noch einen Sohn, der lebt noch in der Gegend und Adriano weiß, wo er wohnt. Lass uns das mal bitte versuchen. Vielleicht ist das ja doch mein Bruder. Vielleicht heißt er nur anders, weil er später doch noch adoptiert wurde? Oder weil er von meiner drogenkranken Mutter weglaufen musste und neu angefangen hat. Wir können ja nichts verlieren. Heute kommen wir doch hier eh nicht mehr weg, oder?"

Michaelas Blick ist so voller Hoffnung, dass Maria nicht widersprechen kann. Außerdem hat Michaela recht: Heute fährt kein Bus mehr zurück in die Stadt, die beiden müssen sich ohnehin eine Übernachtungsmöglichkeit suchen. Das Auto haben sie bei Maria zuhause gelassen. Sie wollten es beide nicht zugeben, doch sie hatten ein wenig Angst um den Wagen. Dass er hier mitten auf einer sandigen Straße liegenbleiben würde oder dass ihnen Teile abgeschraubt werden.

Maria stimmt also zu. Vielleicht ergibt sich ja durch den kleinen Jungen tatsächlich eine Möglichkeit, Michaelas Bruder zu finden. Er und sein Opa müssten alle Dorfbewohner kennen.

„Ok, lass uns gehen! Ich wünsche dir wirklich sehr, dass wir auf der richtigen Spur sind."

Das Gespann schließt sich Adriano an. Auch der Großvater geht mit. „Der kann sich sowas nicht entgehen lassen. Dazu ist er zu neugierig!" Adriano grinst und hüpft den ganzen Weg zum Dorfrand freudig vor sich hin.

Im benachbarten Dorf, dort wo die Freundin des Großvaters lebt, angekommen, wird Michaela zunächst enttäuscht. Zwar passt die Geschichte des Mannes, den sie dort treffen auf ihren Bruder, doch sie lernt auf diese Weise, dass Schicksale wie ihres kein Einzelfall sind. Er erzählt nämlich, dass er seine Schwester schon vor einiger Zeit gefunden hatte. Ähnlich wie Michaela hätte sie irgendwann angefangen, nach ihren Wurzeln zu suchen. Ihre Mutter sei nur inzwischen etwas vergesslich und würde hin und wieder noch den alten Stand der Dinge erzählen.

Am meisten enttäuscht sieht Adriano aus. Er war so stolz darauf gewesen, der fremden Frau helfen zu können.

„Es tut mir leid, ich war mir so sicher!", betont er immer wieder.

„Du hast mir einen wertvollen Tipp gegeben, dafür bin ich dir sehr dankbar", beruhigt ihn Michaela. „Außerdem ist mir jetzt mehr denn je bewusst, dass ich kein Einzelfall bin. Andere teilen ein ähnliches Schicksal."

Ich weiß nur nicht, wie deren Adoptiveltern waren, fragt sie sich, möchte damit aber Adriano nicht überfordern.

Sie werden von dem Mann und seiner Familie noch zum Abendessen eingeladen. Bei dieser Gelegenheit lernen Michaela und Maria auch die Mutter kennen, die ebenfalls ihre Tochter weggeben musste. Es ist wahr, sie scheint etwas senil und dadurch auch vergesslich zu sein. Es kommt zu einer Situation, bei der sie Michaela für ihre eigene Tochter hält.

Diese ganze Situation wird so langsam absurd! Wie viele Mütter soll ich denn noch haben, denkt Michaela und muss lachen. Eine klare Begründung bekommt sie aus der alten Dame nicht heraus. Ihre Reue für die damalige Entscheidung spürt Michaela trotzdem.

„Ich konnte nicht für meine Kinder sorgen. Es waren zu viele. Ich wollte ihnen das nicht antun", sagt sie immer und immer wieder.

Zum Abschluss hören sich Maria, Michaela, Adriano, sein Großvater und jetzt auch noch die frisch kennengelernte Familie im Dorf um. Dabei wird Michaela endlich fündig: Die Gerüchte sind wahr, sie hat tatsächlich einen Bruder! Und der lebt auch wirklich als kleiner Landwirt fernab jeglicher Zivilisation in einer Siedlung in einer Lehmhütte.

Doch aus ihm ist, nach Angaben der Dorfbewohner, trotz der Armut ein stattlicher Mann geworden: Gut gekleidet, die Hütte einfach eingerichtet aber sehr ordentlich und sauber. Seine beiden Kinder gehen zur Schule. Hierfür müssen sie jeden Tag viele Kilometer bis zur nächsten Stadt laufen. Er hieße allerdings nicht Feliz, sondern Rico. Doch er müsse es sein, denn er hat im Dorf immer wieder von seiner Schwester erzählt, von der er sich noch immer fragte, wo sie heute lebe. Außerdem käme er direkt aus Sao Paulo, sei aber später hier in die Gegend gezogen. Und er hatte das passende Alter.

„Also doch eine Namensänderung seitdem ich verkauft wurde", dachte Michaela, „oder war es vielleicht nur ein Zweitname?" Fest steht, sie muss diesen Mann treffen.

Adriano bietet ihnen an, bei ihm zu übernachten. Sein Großvater entschuldigt sich für die Direktheit seines Enkelsohns. Die beiden Frauen sind dem Jungen aber sehr dankbar. Ein Hotel gibt es hier weit und breit nicht und das ist die perfekte Gelegenheit, noch mehr über das Gebiet zu lernen, in dem Michaelas Bruder leben könnte. Sie drängen sich in eine der Hütten. Der Boden ist mit Stroh, einem Laken und anderen Stoffresten ausgelegt, darüber liegen ein paar wollige Decken. Adriano erzählt, dass sie sogar mal eine riesige Matratze gehabt hatten, doch die sei so schwer zu waschen. Die einzelnen Stoffe hingegen ließen sich superleicht im Eimer waschen und in der Sonne trocknen.

„Ich muss jetzt meine Hausaufgaben machen", sagt er noch, schnappt sich ein gepflegt aussehendes Buch und klettert wieder aus der Hütte raus. Denn draußen ist das

Licht besser, ein kleines solarbetriebenes Flutlicht. Mit einem Bleistift scheint er Rechenaufgaben zu lösen.

Maria unterhält sich mit Adrianos Großvater. Michaela selbst versteht nur grob, worum es geht. Immer wieder muss Maria dolmetschen. An diesem Punkt nimmt sich Michaela vor, so bald wie möglich Portugiesisch zu lernen.

Es ist merkwürdig, aus einem Land zu kommen, dessen Sprache man nicht mehr spricht. Die Gefühle von Heimat und Fremdheit wechseln so schnell wie Adriano redet. Der Großvater erzählt Maria allen möglichen Klatsch und Tratsch aus seinem Dorf. Von einem verrückten Nachbarn, der immer Streit anfing. Von den netten Kindern, die so viel Lebensfreude versprühten und dann plötzlich weg waren, wenn sie zum Arbeiten in die Städte gingen. Von der Rinderzucht und von den Handelswegen durch die Wälder. Dann nimmt Maria das Zepter in die Hand. Sie berichtet von ihren vergangenen Fällen, die sie bearbeiten durfte. Von Kindern, die aus unterschiedlichen Gründen zur Adoption frei gegeben wurden. Meistens seien es finanzielle Ursachen, doch auch Dinge wie Krankheit oder eben Drogensucht wären möglich. Oft seien die Eltern hier auch schlichtweg zu jung, um schon mehrere Kinder großzuziehen. Mangelnde Aufklärung und Verhütung gehörten zu den Ursachen. Die Eltern, die gerade selbst den Kinderschuhen entwachsen sind, seien überfordert. Doch eine Abtreibung sei zu gefährlich. Und dann waren da die religiösen Gründe. Das Verheimlichen von unehelichen Kindern. Trennungen mit Sorgerechtsstreit. Es gab viele Gründe, warum ein Kind im Heim landen konnte und letztlich adoptiert wurde. Die meisten hätten Glück, doch egal wie ihre Kindheit verlaufen war, irgendwann kämen sie alle zu Maria oder anderen Anlaufstellen und wollten mehr über sich erfahren. Um uneingeschränkt agieren, anders gesagt ihre Rechte wahrnehmen zu können, nähmen sie sich die Anwältin zur Hilfe.

Michaela hört der Unterhaltung zu, bis ihr die Augen zufallen. Sie muss etwas über sich selbst lachen, wie oft sie hundemüde ist, seit sie in Brasilien unterwegs ist. Ist es das Wetter? Oder noch immer der Jetlag? Die vielen neuen Eindrücke und all das, was sie emotional verarbeiten muss? Vermutlich eine Mischung aus alledem, überlegt Michaela und schläft ein. In dieser Nacht hat sie zum ersten Mal seit langer Zeit keinen Albtraum.

Mit einer Wegbeschreibung auf einem Stück Papier möchte Michaela am nächsten Morgen das erleben, was ihre Nichte und ihr Neffe scheinbar jeden Tag machen: Sie möchte von der Stadt, in der die Kinder zur Schule gehen, zur Lehmhütte ihres Bruders laufen. Also fährt sie mit dem ersten Bus in die nahe gelegene Kleinstadt und läuft von der Schule aus los. Der Weg ist lang und es ist schwül, doch die Natur hier ist wunderschön und Michaela spürt, dass sie auf eine seltsame Weise hierhergehört. Sie hat sich entschieden, auch dieses Mal ohne Maria unterwegs zu sein, allein zu gehen und die Gedanken schweifen zu lassen. Noch weiß sie nicht, was sie bei ihrer Ankunft sagen soll. Doch wenn es wirklich ihr Bruder ist, wird sich das Gespräch schon von ganz allein ergeben. Falls er nur Portugiesisch spricht, könnten sicher seine Kinder übersetzen. Oder sie würde sich mit Händen und Füßen verständigen. Doch die Dorfbewohner gestern hatten ihr versichert, dieser Landwirt spreche Englisch, da er seine Erzeugnisse auf dem Markt auch an Kunden aus anderen Ländern verkaufen würde – und Michaela braucht hin und wieder etwas Privatsphäre, wenn es um die Suche nach ihrer Identität geht. Sie hat hier kurz Empfang mit ihrem Handy. Also schreibt sie Markus eine weitere SMS. Es sind fast die gleichen Fragen, wie jeden Tag. Was bei ihm zuhause so los sei und wie es Zoey gehe. Für ein tiefergehendes Gespräch oder eine Erklärung hat sie gerade keine Zeit. Morgen wird sich aber sicher die Gelegenheit ergeben, nochmal per Videochat anzurufen. Sie wollte ihre Tochter sehen.

Michaela besorgt sich an einem Kiosk etwas Proviant. Dann wandert sie los. Aus der breiten Straße, die aus der Stadt herausführt, wird ein Trampelpfad. Kurz führt er durch einen Wald, der von exotischen dickblättrigen Pflanzen überwuchert ist. Michaela erwartet, jederzeit auf eine Schlange zu treten. Im nächsten Moment fällt ihr auf, dass sie mit der größten Schlange dieser Welt längst fertig geworden war. Ihr konnte hier so schnell nichts geschehen.

Nach etwa zwei Stunden abenteuerlichen Wanderung sieht sie eine Hütte, umgeben von Maisfeldern und Orangenbäumen. Hinter den Bäumen stehen weitere Hütten, doch diese hier vorne müsste die Hütte sein, die ihr von den netten Dorfbewohnern beschrieben wurde. Das Bauernhäuschen ist hellgrün und mit Blumen bemalt. Die Farbe blättert etwas ab, darunter sieht man das helle Holz. Das Dach ist mit einer Mischung als Palmwedeln und Wellblechpappe abgedichtet.

Michaela kommt ein lachendes kleines Mädchen entgegengerannt, vielleicht neun Jahre alt, das einen Hundewelpen auf dem Arm trägt. Als das Mädchen Michaela entdeckt, stockt sie kurz, ist unsicher. Doch Angst hat sie keine. Stattdessen geht sie zurück in die Hütte, vermutlich, um ihren Vater zu holen. Tatsächlich tritt nur wenige Augenblicke später ein Mann mit sonnengegerbtem Gesicht aus dem Häuschen. Er sieht genauso fragend aus wie seine Tochter, doch er geht direkt auf Michaela zu und erkundet sich in einfachem Englisch, wer sie sei und wie er ihr helfen könne. Michaela zögert keine Sekunde. Sie fällt direkt mit der Tür ins Haus: „Bist du Feliz? Nein, entschuldige, bist du Rico? Ich bin Michaela, ich habe fast mein ganzes Leben in Deutschland gewohnt, aber ich bin hier in Brasilien geboren und ich glaube, du könntest mein Bruder sein. Suchst du nicht deine Schwester?"

Der Mann sieht Michaela noch eine Weile an. Er scheint über das nachzudenken, was sie gerade gesagt hat. Dann lächelt er:
„Willkommen in meinem Heim, Schwester! Ob du es bist oder nicht, werden wir gleich herausfinden, doch setze dich erst."
Er rückt ihr einen ausgebleichten und dann übermalten Plastikstuhl zurecht, sodass sie nebeneinander vor der

Hütte sitzen können. Das kleine Mädchen setzt den Hundewelpen ab und spielt mit ihm. Sie hält ihm einen noch umwickelten Maiskolben hin, der Hund schnappt danach.

„So", beginnt Michaelas möglicher Bruder mit einem Seufzer, „du sagst also, du bist von Brasilien nach Deutschland gekommen? Hast du einen Deutschen geheiratet? Wolltest du dort Arbeit finden? Oder wurdest du adoptiert?"

„Ja, genau, ich wurde adoptiert. Jedoch habe ich einen Bruder, der damals noch Feliz hieß und der nicht nach Deutschland musste."

„Mein Name ist Rico. Aber vielleicht hast du trotzdem den richtigen gefunden. Doch zuerst zu dir, wie kommt es, dass du jetzt wieder hier bist? Ich hoffe, du möchtest mich nicht mit ins kalte trostlose Deutschland nehmen!"

Er lacht sie freundlich an, als wolle er sagen, dass diese Aussage nicht böse gemeint sei.

„Nein, das will ich nicht. Ich würde niemals -" Sie unterbricht ihren Satz, denn sie wollte etwas sagen wie: Ich würde dir niemals dieses Leid antun.

Aber würde er es verstehen oder sähe er sie dann als hochnäsig, weil sie den Luxus einer deutschen Schule und einer Wohnsituation nach deutschem Standard nicht zu schätzen wusste? So, wie es ihr alle anderen immer wieder ins Gewissen hämmerten?

„Es ist ok", sagt Rico. „Wann bist du denn geboren?"

Sie antwortet ihm, dass es nur eine Schätzung ihres Geburtstages gibt, dass sie aber immerhin das Jahr weiß und sie stellen fest, dass Rico etwa vier Jahre älter sein müsste als Michaela. Das passt in die Geschichte, die sie von der Adoptionsvermittlung erzählt bekommen hat. Dort wurden die Personalien ihrer Familie festgehalten und auch Feliz soll etwa vier Jahre alt gewesen sein, als Michaela auf die Welt kam.

Sie sieht ihn wieder an: „Du suchst also deine Schwester. Warum bist du nicht mit ihr, also mit mir, zusammen aufgewachsen?"
Er legt die Stirn in Falten und stützt das Kinn auf seine Hand auf.
„Ich weiß es nicht genau. Ich war ja selbst noch klein. Aber ich habe Erinnerungen, dass ich immer mit einem Mädchen gespielt habe, in einem großen Haus oder manchmal auf einer Schaukel. Wir waren unzertrennlich. Die gleiche Frau hat sich um uns gekümmert. Aber irgendwann war das Mädchen weg. Ich blieb allein im Heim zurück."
„Du meinst im Kinderheim?"
„Ja, ganz genau. Ich dachte immer, Geschwister werden möglichst zusammen vermittelt. Aber bei uns war es wohl nicht so."

Michaela ist nicht ganz sicher, was sie mit dieser Information anfangen sollte. Das Adoptionsbüro hatte erzählt, dass nur sie von ihrer todkranken Mutter weggegeben wurde. Ihr Bruder durfte bleiben. Doch was, wenn sich ihre Mutter kurz später doch anders entschieden hatte und ihre beiden Kinder loswerden wollte? Vielleicht hatten sie und ihr Bruder sich im Heim wieder erkannt und blieben unzertrennlich. Es war so lange her, solche Erinnerungen aus der Kindheit können verblassen. Vor allem dann, wenn man keine Fotos oder Erzählungen hat, die sie aufrechterhalten.

Sie erzählt Rico von ihren Gedanken. Er nickt schweigend. Nach einer gefühlten Ewigkeit sagt er: „Und was, wenn das keine Rolle spielt? Wir sind als Kinder zusammen aufgewachsen. Wir haben jeden Tag gemeinsam gespielt. Macht uns das nicht zu Geschwistern?"

Sie zuckt mit den Schultern: „Auf gewisse Weise ja. Aber wären dann nicht alle Heimkinder Geschwister? Kann man das so sagen?"

Da keiner von ihnen sich genau erinnern kann und es vermutlich keine auffindbaren Papiere mehr von damals gibt, beschließen sie nach einigem Überlegen, einen DNA-Test machen zu lassen. Denn jetzt wollen sie es wissen. Gleich am nächsten Tag würden sie zusammen in die Stadt gehen und sich untersuchen lassen. Michaela wünscht sich, in Rico ein echtes Familienmitglied gefunden zu haben. Sie hat etwas Angst, dass der Test negativ ausfällt. Aber was, wenn Rico Recht hat und es letztlich keinen Unterschied macht? Sie waren im Kinderheim scheinbar wie Geschwister gewesen, enger als andere Kinder dort befreundet waren. Seitdem hatte Rico nach ihr gesucht, weil er nicht verstand, warum sie voneinander getrennt wurden. Nach und nach kommen Erinnerungsfetzen hoch. Der Junge, mit dem sie Fangen gespielt hatte, wobei sie von der Heimleiterin erwischt wurde, das war Rico.

Michaela beobachtet das Mädchen, das noch immer mit dem Hund spielt. Als die Sonne am höchsten am Himmel steht, kommt plötzlich noch ein etwas älterer Junge aus dem Haus. Er hatte bis eben geschlafen. Jetzt macht er sich daran, Kaffee für sich und seine Familie über einer Feuerstelle zu kochen. Mit absoluter Selbstverständlichkeit bietet er auch Michaela eine Tasse an.

Sie sieht den beiden zu und kommt nicht umhin, sich vorzustellen, wie sie selbst so mit ihrem Bruder aufgewachsen wäre. Hätte sie sich in einer Hütte wie dieser wohl gefühlt?

Rico scheint ihre Gedanken zu lesen.

„Es ist ein einfaches Leben. Ich weiß ja, wie die Menschen in den Städten wohnen. Aber zu mehr reicht es eben nicht und ich fühle mich hier sehr wohl. Weißt du, meine Adoptiveltern waren sehr streng. Sobald ich konnte, zog ich aus und arbeitete für mich selbst. Meine Frau ist vor kurzem an einer Lungenkrankheit gestorben. Jetzt kümmere ich mich allein um die Kinder. Sie fehlt mir jeden Tag, wir haben uns geliebt. Ich war immer glücklich."

Michaela wundert sich über die Offenheit von Rico. Wahrscheinlich ist er froh, mit jemandem darüber sprechen zu können.

Sie tut es ihm gleich. Sie erzählt von ihren wiederkommenden Albträumen. Von ihrer Adoptivmutter, die nicht nur streng, sondern selbst ein wahrgewordener Albtraum war. Von ihren schönen Jahren im Internat, die viel zu schnell vorübergingen. Von

Markus, mit dem sie sehr glücklich ist. Von Zoey, die bestimmt auch ihren Spaß hätte, unter Orangenbäumen mit einem Hundewelpen zu spielen. Und davon, wie alle ihr immer wieder weißmachen wollten, wie privilegiert sie doch sei, im reichen Deutschland leben zu dürfen. Dass ihr alles Geld der Welt aber nicht helfen könnte, die Misshandlungen ihrer Mutter zu verarbeiten, oder die Tatsache, dass sie für ebendieses Geld von ihrer richtigen Familie verstoßen wurde – das interessierte niemanden. Doch Rico interessiert sich und er versteht.

Er erzählt, wie er sich oft gewünscht hatte, mehr Geld zu haben. Vor allem für seine Kinder. Er wünscht sich für sie, dass sie ein eigenes Zimmer hätten. Oder fließendes warmes Wasser. Doch Sofia und Emanuel, so heißen die beiden, hätten es ihm nie übelgenommen. Sie seien unbeschwerte fleißige Kinder, die gerne zur Schule gehen und von ihrer Zukunft träumen, ohne Groll auf die Gegenwart. In letzter Zeit würden sie oft ihre Mutter vermissen, was ganz selbstverständlich sei. Doch Rico tut das auch, so schweißt sie es noch mehr zusammen.

Während sie so reden, kommt Emanuel zu ihnen. Er stellt sich hinter Michaela und berührt vorsichtig ihre Haare.
„Ist etwas in meinen Haaren?"
Emanuel sieht seinen Vater an. Der übersetzt. Dann antwortet Emanuel selbst. Auch er spricht Englisch, wenn auch etwas lückenhaft.
„Es ist wunderschön."
„Vielen Dank. Ich bin sehr froh, dass es inzwischen so lang ist."

Sie spricht extra langsam, damit Emanuel ohne Hilfe seines Vaters mit ihr sprechen kann.

„Warum? Ist lange Haare bei Dame nicht ... normi .. normal?"

„Eigentlich ja. Meine Mutter hat es mir aber nie erlaubt, sie wachsen zu lassen oder gar zu frisieren wie heute. Mein langer Zopf ist ein Zeichen dafür, dass ich heute nicht mehr auf sie hören muss."

Beim letzten Satz benötigt Emanuel doch nochmal eine Übersetzung von seinem Vater. Dann lacht er.

„Das glaube ich nicht! Welche Mutter kann das tun? Will sie nicht, dass du schön aussiehst?"

„Nein, wollte sie nicht."

Emanuel sieht sehr ungläubig aus. Michaela muss kichern.

Das lockt Emanuels Schwester Sofia an. Sie gibt Michaela eine Orange in die Hand. Der Welpe läuft ihr nach.

„Feld. Stecken."

Sofia zeigt auf das Maisfeld.

Michaela versteht. Und so spielt sie mit ihrer vielleicht-vielleicht-auch-nicht-Nichte zwischen den hohen Gräsern verstecken. Der Welpe kläfft und Rico gönnt sich mit Emanuel eine zweite Tasse Kaffee. So sollte Familienleben sein, lacht Michaela in Gedanken. Genau so.

Zwei Tage später, Michaela hat inzwischen Maria alles erzählt, was sie von Rico erfahren hat, besuchen die beiden Frauen eine der Favelas in Sao Paulo. Kurz bevor sie in dem Slum am Stadtrand ankommen, stößt ein männlicher Anwaltskollege von Maria dazu. Sie sagt Michaela, dass sie selbst nicht erfreut darüber sei, als Frau die Hilfe von einem Mann zu benötigen, doch hier sei es in manchen Situationen leider immer noch besser, als es drauf ankommen zu lassen.

Michaela nickt stumm. Natürlich gibt es auch in Deutschland Gewalt gegen Frauen. Sie selbst hat körperliche Gewalt bisher nur von ihrer Adoptivmutter erlebt, doch musste sie sich schon viele dumme Sprüche anhören, wenn sie unterwegs war, unangenehme Berührungen und Fragen über sich ergehen lassen, hin und wieder mit der Begründung, sie sähe doch so „feurig" aus und sei es sicher von zuhause gewöhnt, dass die Männer sich nehmen, was sie wollten. In solchen Momenten konnte Michaela gar nicht aufzählen, wie viel daran falsch war. Doch meist versuchte sie nur, es zu ignorieren. Sich keinen Ärger einzuholen, einfach kalt zu bleiben. Später konnte oder musste sie dann Witze darüber machen, um nicht verunsichert zu werden.

Dass sie heute nicht ohne männliche Begleitung unterwegs sein sollen, knickt sie zwar in ihrem Selbstbild, doch sie möchte sich ihre Suche nach der Vergangenheit auch nicht schwerer machen, als es sein muss. Also stimmt sie zu.

Der Zweck ihres Ausflugs ist, dass Michaela sieht, wie ihre Eltern vermutlich gewohnt haben. Eine feste Adresse haben sie nie angegeben, doch die Adoptionsvermittlung konnte immerhin einen Bezirk nennen, in dem Michaela geboren sein muss.

In den Straßen ist viel los. Da sie innen nicht viel Platz haben, verlagern die Bewohner der Favela ihr Leben nach draußen. Hier eine streunende Katze, dort ein spielendes Kind. Frauen mit Kleidung, die ausgewaschen und viel zu klein ist, laufen mit Tüten voller Kram herum. Es ist unklar, ob sie einkaufen waren oder einfach Dinge einsammeln, die sie unterwegs gefunden haben, oder vielleicht etwas wegbringen, statt zu sich zu holen. Michaela selbst fühlt sich zunächst nicht unwohl. Viel eher fühlt sie sich zum ersten Mal in ihrem Leben wirklich privilegiert und spürt das Unwohlsein der Menschen um sie herum. Die Einwohner hier hausen so dicht gedrängt, dass es zwangsweise zu Streit kommen muss. Überall hört man laute, sich zankende Stimmen. Die Kinder laufen ohne Schuhe herum, ihre Körper sind staubig, es stinkt und an allen Ecken fallen die selbst gebauten Behausungen auseinander. Und um Gottes Willen, die Stromleitungen, wenn es denn welche gab! Michaela, mit ihrem deutsch-geprägten Gefühl für Sicherheit, kann sie kaum ansehen. Eine junge Frau, eindeutig schwanger, lehnt an einer Ziegelwand. Sie schreit jeden an, der an ihr vorbeigeht. In der Hand eine Zigarette. Neben ihr liegt ein älterer Mann auf dem Boden und schläft. Auf dem bloßen Steinboden, ohne jede Polsterung.

Das Dorf, in dem Michaela vorgestern noch war, hatte auch nur einfache Hütten gehabt und die Dorfbewohner mussten von der Hand in den Mund leben. Aber da hatten die Menschen Platz. Sie hatten frische Nahrungsmittel, keinen Plastikmüll. Drogenkriminalität kam seltener vor, allein schon wegen der mangelnden Infrastruktur und Kundschaft. Es gab weder Lärm noch die dicke Luft der

Stadt oder harte Steinböden und es liefen auch nicht ständig reiche Touristen herum, wie Michaela es jetzt tut. Sie hat selbstverständlich wieder etwas möglichst Schlichtes an, doch man sieht es an ihren gepflegten Haaren und Nägeln. Und daran, wie sie sich mit den anderen beiden durch die Straßen bewegte.

„Es ist komisch", stellt sie fest. „Wenn ich selbst hierherkomme, warum fühle ich mich dann wie ein Eindringling? Und obwohl ich dachte, dass ich es nie war, komme ich mir hier verdammt hochnäsig vor."

„Weil du anders aufgewachsen bist."

Sie gehen extra in eine Straße, die noch belebter ist, sodass ihre Unterhaltung untergeht. „Hier wollten dich deine Eltern und alle anderen wohl rausholen. Kann man irgendwie verstehen. Aber vielleicht hätte es dir trotzdem besser getan, bei deinen leiblichen Eltern aufzuwachsen."

„Da bin ich mir gerade echt unsicher. Ich hab so viel Zeit im Keller verbringen müssen. Mein Kinderzimmer war auch nicht schön. Aber das ist kein Vergleich. Ich fühle mich merkwürdig. Am liebsten würde ich allen Kids hier helfen, von guten Eltern adoptiert zu werden. Oder noch besser, mit ihren eigenen Familien hier raus zu können."

„Wenn du möchtest, können wir uns wieder nach deiner Familie durchfragen. Ich fürchte aber, das wird hier schwieriger. Es wohnen zu viele Leute in Sao Paulo, die kennen sich nicht mehr alle untereinander."

Ein junger Mann im Sporttrikot wünscht Maria und Michaela einen schönen Tag. Michaela weiß überhaupt nicht, wie sie auf diesen unbedeutenden Satz reagieren soll. Ist bestimmt nur eine Höflichkeitsfloskel. Aber in dieser Gegend, wo tausende Menschen auf engstem

Raum wohnen? Ist es da nicht furchtbar anstrengend, jeden zu grüßen? Hat er es gemacht, weil er sie als jemand mit höherem Rang sieht und solche Menschen grüßt man eben? Oder ist es das Gegenteil, also dass er die harmlosen Worte nur nutzt, um sich aufzudrängen. Sie zu verunsichern.

War das ein Generalverdacht, den Michaela gerade hegt? Hätte er sogar ein Verwandter von ihr sein können?

Der Mann ist längst verschwunden. Er hat überhaupt nichts weiter getan. Michaela ist es trotzdem unwohl. Sie schaut zu Maria und ihrem Kollegen: „Können wir in einen Park gehen oder so? Ich weiß nicht, wie ich hier mit allen umgehen soll und brauche plötzlich freien Platz um mich."

Maria nickt. Sie kennt einen Park, der nicht weit entfernt ist. Als sie auf einer Bank sitzen und Vögel beobachten, seufzt Michaela: „Ich kann es wirklich etwas mehr verstehen, nachdem ich das Viertel gesehen habe. So Bedingungen wünscht man keinem und zum ersten Mal kann ich auch inhaltlich begreifen, was alle meinen mit „sei doch froh, du bist so privilegiert". Das macht meine Erfahrungen aus Kindertagen zwar nicht besser, aber ich beginne, zu verstehen. Das finde ich schon mal wichtig."

„Dann hat es sich doch gelohnt. Du wusstest ja, du kannst einiges über dich und die Stadt erfahren, was dir nicht gefallen wird. Aber du musst dich nicht schlecht fühlen. Alles das, wo du geboren wirst und wo du dann groß wirst, wurde über deinen Kopf hinweg entschieden."

Kapitel 7 – Zurück nach Hause

Am Flughafen liegen sich Maria und Michaela lange in den Armen. So schnell ist die Zeit wieder vergangen. Michaela hat ihren Entschluss eingehalten und war genau vier Wochen geblieben. Das bedeutet, sie kam rechtzeitig zur Vorweihnachtszeit nachhause, um diese mit ihren Liebsten zu verbringen.

Michaela konnte in den letzten Tagen viele Sehenswürdigkeiten besuchen. Maria und auch Rico haben ihr viele „typisch Brasilianische" Bräuche und Speisen gezeigt. Sie waren am Strand gewesen und hatten sich sogar ein Fußballspiel angesehen. Also keines von Profis. Sondern das von Emanuel, der Mitglied im Team seiner Schule war. Sie hatten zwar verloren, doch er selbst konnte zwei Tore schießen und Michaela hatte sich fast genau so stolz gefühlt wie damals, als Zoey ihre ersten Worte geschrieben hatte. Sie hat Emanuel und Sofia daraufhin zu einem Eis eingeladen. Dass es an der Eisdiele über zwanzig verschiedene Sorten gab, aus denen sie frei wählen konnten, hatte die beiden Kinder total von den Socken gehauen.

Auch wenn sie sich alle erst kurz kennen, fühlt sich Michaelas Aufenthalt hier immer mehr nach einem Familienbesuch an.

„Deine Eltern willst du also nicht mehr suchen?", fragt Maria, etwas enttäuscht darüber, dass die Geschichte in ihren Augen so unvollständig ausgeht.

„Ich glaube nicht, nein. Ich hab das so oft hin und her überlegt. Aber eigentlich will ich nur die Teile und die

Menschen von meiner Heimat kennenlernen, die ich mag. Auf die ich nicht wütend bin. Ja, vielleicht würde es helfen, einmal alles raus zu lassen. Die ganze Wut auf ihre Entscheidungen.

Aber mal ganz ehrlich: Entweder sie lebt längst nicht mehr, oder ich würde eine arme, alte Frau anschreien. Ist es das wirklich wert? Ich glaube nicht."

Mit dieser Erklärung schaut sie Maria tief in die Augen.

„Danke für alles, was du getan hast. Ich glaube, den Presseausweis habe ich kaum gebraucht. Die Leute hier sind echt redselig, die erzählen jedem alles." Sie lacht kurz. „Es war wie ein wunderschöner Urlaub, in dem ich viel über mich selbst gelernt habe. Macht es gut!"

Sie drücken sich noch einmal, dann geht Michaela durch die Sicherheitskontrolle. Maria und ihr Mann sind schon weg, als sie sich noch einmal umdreht. Sie haben gleich noch einen Termin. Ihr Leben geht weiter, während das von Michaela gerade neu anfängt.

Der Flug vergeht dieses Mal gefühlt noch langsamer als auf dem Hinweg. Denn so langsam plagen Michaela ein paar ganz neue Schuldgefühle: Wie waren Markus, Zoey und ihre Patentante wohl ohne sie klargekommen? Natürlich hatten sie möglichst häufig Kontakt, doch Markus musste arbeiten und Zoey war tagsüber in der Schule und spielte nachmittags mit ihren Freundinnen. Es war also weniger Zeit für Telefonate oder Skype gewesen als sie gehofft hat. Doch Michaela sieht das als gutes Zeichen. Ihre kleine Familie zuhause hatte ihr die Freiheit gegeben, sich selbst zu finden, ohne sie zurückhalten zu wollen.

Sie nutzt die Zeit im Flieger, um sich Notizen zu machen. Auf jeden Fall möchte sie für Marias Anwaltszeitung einen Artikel schreiben. Dafür muss sie jetzt sortieren, was wichtig ist oder was sie überhaupt mit der Öffentlichkeit teilen will.

Wieder kann sie es kaum erwarten, aus dem Flugzeug heraus zu kommen. Wieder steht sie ungeduldig am Fließband, wartet auf ihren auffälligen Koffer. Dieses Mal lassen sie die Zollbeamten in Frieden. Vermutlich, weil sie heute wie eine Touristin aussieht, die erstmals von Brasilien nach Deutschland kommt? Sie hatte mit Maria neue brasilianische Kleidung gekauft. Mit einem luftigen Kleid und schweren Ketten begrüßt Michaela ihren Freund und ihre Tochter.

„MAAAAAMAAAA!", hört sie Zoey schon von weitem rufen. Die Freude, die bei ihrer Tochter in diesem Wort steckt, macht Michaela euphorisch und schockiert zugleich. Das Wort Mama kann also etwas Gutes sein. Warme Tränen sammeln sich in Michaelas Gesicht, als Zoey in ihre Arme springt. Es fällt eine gigantische Last von ihr ab. Sie merkt, wie das, was sie sich vorgenommen hat, wahr wurde: Sie kann sich jetzt voll und ganz auf diese Menschen einlassen, auf ihre Tochter und ihren Freund, und kann ihre Anwesenheit genießen, ohne jeden Zweifel.

Zuhause angekommen, muss Michaela natürlich detailliert von ihren Abenteuern erzählen. Sie versucht, für Zoey alles möglichst kindgerecht zu beschreiben.

Dennoch nimmt sie sich vor, nicht zu lügen. Das Mädchen soll die Wahrheit über ihre eigene Geschichte kennen. Wie erwartet ist Zoey besonders begeistert von dem Hundewelpen und Michaela bietet an, dass sie im nächsten Jahr alle gemeinsam nach Sao Paulo fliegen könnten, um ihre Heimat als Familie zu besuchen. Den Welpen und Sofia würde Zoey dabei auch kennenlernen dürfen.

Nachdem sie sich zuhause eine kleine Pause von ihrem jungen Gast gegönnt hat, stößt auch Zoeys Patin zu ihnen. Sie setzt Michaela auf den neusten Stand dessen, was in der Schule passiert ist. Zoey hat gute Noten nach Hause gebracht. Nur an einem Tag sei sie mit einem Pullover voller Filzstiftmalerei zurückgekommen. Dieser Pullover sei nun hinüber, oder ein Kunstprojekt, wie Zoey es ausgedrückt hatte. Ich wollte auch mal die Leinwand sein, sei ihr Kommentar gewesen.
Michaela dankt ihrer Freundin mehrfach. Die betont, dass Markus vor allem an den Wochenenden eine super Figur als Vater abgegeben hätte. Der klopft sich stolz selbst auf die Schultern.

In der Nacht fällt Michaela auf, dass heute kein einziges Mal ihre Adoptivmutter erwähnt wurde. Es ging die ganze Zeit nur um Maria und Rico, um das Kinderheim, die lateinamerikanische Kultur, Sofia und Emanuel, den klugen Jungen Adriano und seinen herzlichen Großvater, um Fußball und das Essen im Flugzeug. Doch nicht ein einziges Mal fiel der Name dieser fiesen Frau.

Es vergehen ein paar Tage. Noch ist Michaela bei der Arbeit oder im Haushalt häufig abgelenkt. So schnell lässt sich eine ganze Vergangenheit samt überraschender Wendungen nicht verarbeiten. Doch in all ihrer Unkonzentriertheit ist sie immerhin glücklich.

Auch Markus bemerkt das veränderte Verhalten seiner Freundin. Manchmal befürchtet er, dass sie irgendwann nach Brasilien auswandern würde, weil sie sich diesem Land nun verbundener fühlt. Michaela muss zugeben, dass sie mit dem Gedanken gespielt hat. Doch dann sagt sie zu ihm:

„So schön es dort auch ist, so langsam erkenne ich meine Privilegien, die ich hier genieße. Das, wovon immer alle gesprochen haben. Hätte ich mehr Glück bei meiner Adoption gehabt, hätte ich wirklich das perfekte Leben führen können. Aber noch viel wichtiger als meine Bildung und so ein Kram seid ihr. Wenn du und Zoey nicht wollen, gehe ich nirgendwo mehr ohne euch hin!"

Markus lehnt sich an seine Freundin an. „Das werden wir auch nicht machen. Niemals. Wir gehören zusammen." Er schließt die Augen. Dann reist er sie wieder auf: „Oh, du hast übrigens Post. Ich habe es nicht aufgemacht, scheint etwas sehr Persönliches zu sein."

Sofort schießt Michaela vom Sofa in die Höhe. Das kann nur eines sein: Das Ergebnis ihres DNA-Vergleichs mit Rico.

Etwas zittrig öffnet sie den Umschlag, weiß nicht wirklich, was sie erwarten soll. Oder was sie erwarten möchte. Deswegen zögert sich nicht lange, überfliegt den Text, kommt zum Ende. Dort steht ein großes, fettes „Negativ".

Michaela starrt auf das Wort. Negativ. Rico ist nicht ihr leiblicher Bruder. Er war wirklich nur ein Spielkamerad im Kinderheim.

Doch er ist der einzige Mensch, den sie von damals wieder getroffen hat und auf den sie keinen Groll hegt. Weder jetzt noch vor oder während ihres Besuches.

Dann dreht sie sich zu Markus um, der schon ungeduldig wartet und meint unter Lachen: „Schatz, was hältst du davon, wenn wir einen Bruder adoptieren?"

Markus versteht nicht direkt.

„Für Zoey? Wollen wir nicht lieber..."

„Nein, das meine ich nicht, Dummerchen", sie kichert wieder, „ich meine, ob wir einen Bruder für mich als Familie aufnehmen wollen, der nicht mein leiblicher Bruder ist."

Jetzt versteht Markus, was sie meint: „Da steht also, dein Test ist negativ?"

„Richtig, das ist er."

„Und jetzt? Findest du das gut?"

„Keine Ahnung, ich glaube, es ist mir egal. Ich meine, weder meine leibliche noch meine Adoptivfamilie wollten mich haben. Also suche ich mir meine wohl einfach selbst aus. Scheiße ey, das ist erschreckend simple, wenn man so darüber nachdenkt."

„Dann würde ich sagen, du schreibst ihm gleich mal einen Brief. Wie gut ist denn inzwischen dein Portugiesisch?"

Markus zwinkert ihr zu. Er steht vom Sofa auf, um in die Vorratskammer zu gehen, um den guten Wein zu holen, den er extra für einen besonderen Moment aufgehoben hatte. Kurz später steht er mit zwei gefüllten Gläsern vor seiner Freundin.

„Auf das Ende deiner Suche. Du willst doch aufhören, zu suchen, oder?"

Michaela nickt. Sie könnte weiter nach dem echten Feliz suchen oder, ob sonst noch jemand von ihrer ersten Familie lebt. Doch gleichzeitig ist sie zu froh über ihr Hier und Jetzt, um alles wieder durcheinander zu bringen.

„Adeus para sempre", sagt Michaela und stößt mit Markus an.

Persönliches Schlusswort

Hallo meine lieben Leser,

lieben Dank das ihr euch die Zeit genommen habt, mein Buch zu lesen. Ich möchte nochmal darauf hinweisen, dass das Buch keine Retourkutsche wegen meiner Adoptivmutter war, sondern es sollte zum Nachdenken anregen, ob und inwieweit Adoption oder eben hier speziell Auslandsadoption Sinn macht.
Ob es wirklich nur gut ist oder ob man auch mal mit einem anderen Blick darauf schaut.
Ich hoffe ihr hattet etwas Spaß beim Lesen und euch hat mein Buch gefallen.
Zum Schluss bedanke ich mich erstmal bei allen, die das Buch mitgestaltet haben. Markus hat das tolle Layout gemalt und ich bin froh, dass ich jemanden gefunden habe, der auch genau das gemalt hat, was ich wollte. (Sobald ich eine Idee habe kann ich doch sehr stur sein:))
Dann geht mein Dank noch an Melanie, die mir mit Rat und Tat zur Seite stand
Auch an all meine Freunde, die mich dazu ermutigt haben, das Buch zu verfassen geht ein großes Dankeschön.
In diesem Sinne: Bleibt euch wichtig, bleibt euch treu.

MIX
Papier | Fördert
gute Waldnutzung
FSC® C083411

Zeitfracht Medien GmbH
Ferdinand-Jühlke-Straße 7
99095 Erfurt, Deutschland
produktsicherheit@kolibri360.de

Autor

Hans-Paul Riemann, Jahrgang 1937, ist im östlichen Ruhrgebiet aufgewachsen, hat in München Maschinenbau studiert (Dipl.-Ing.) und anschließend ca. 10 Jahre in der Luft- und Raumfahrtindustrie gearbeitet, zuletzt als Projektleiter des Senkrechtstarters Do31. Dann verlor er sein Interesse an der Technik und wandte sich der Betriebswirtschaft zu, er wurde Unternehmensberater. In der zweiten Hälfte der 70er Jahre war er maßgeblich am Aufbau der Deutschen Gesellschaft für technische Zusammenarbeit (GTZ) GmbH beteiligt, die im Auftrag der Bundesregierung Projekte in Entwicklungsländern durchführt. In dieser Zeit hat er sich intensiv mit Planungsmethoden für Projekte im politischen Umfeld beschäftigt. Seit 1982 ist er als selbständiger Unternehmensberater, Management-Trainer und zuletzt als Entwickler betriebswirtschaftlicher Software tätig. Er hat sich stets mit komplexen Problemstellungen beschäftigt, die letztlich nur mit Hilfe eines systemischen Denkansatzes nachhaltig einer Lösung zugeführt werden können.

Für die Jugend, die sich Sorgen
um ihre Zukunft macht.